道路施工技术管理及其应用研究

任甲蕴 著

北京工业大学出版社

图书在版编目（CIP）数据

道路施工技术管理及其应用研究 / 任甲蕴著 . — 北
京 ： 北京工业大学出版社，2021.4
　ISBN 978-7-5639-7954-7

　Ⅰ . ①道… Ⅱ . ①任… Ⅲ . ①道路施工－工程技术—
研究 Ⅳ . ① U415.6

中国版本图书馆 CIP 数据核字（2021）第 081857 号

道路施工技术管理及其应用研究

DAOLU SHIGONG JISHU GUANLI JI QI YINGYONG YANJIU

著　　者： 任甲蕴

责任编辑： 李　艳

封面设计： 知更壹点

出版发行： 北京工业大学出版社

　　　　　　（北京市朝阳区平乐园 100 号　邮编：100124）

　　　　　　010-67391722（传真）　bgdcbs@sina.com

经销单位： 全国各地新华书店

承印单位： 北京亚吉飞数码科技有限公司

开　　本： 710 毫米 ×1000 毫米　1/16

印　　张： 12

字　　数： 240 千字

版　　次： 2022 年 7 月第 1 版

印　　次： 2022 年 7 月第 1 次印刷

标准书号： ISBN 978-7-5639-7954-7

定　　价： 68.00 元

前　　言

本书围绕"道路施工技术管理及其应用研究"这一主题系统探讨了道路施工技术管理及其实践应用。全书主要对当下道路施工建设中的施工技术和管理手段进行了探讨分析，并在此基础上剖析了道路施工建设中存在的一些施工技术和管理问题，有针对性地提出了一些对施工技术和管理手段进行优化的有效策略。同时，本书还将理论与实践相结合，指出了道路施工技术管理在实际应用中应注意的问题，旨在为提升我国道路施工技术管理水平提供理论上的指导。

本书共六章。第一章为公路路基工程施工技术，主要包括四部分的内容，分别是公路路基工程概述、公路路基压实技术、软土地基施工技术、路基工程机械化施工技术。第二章为公路路面基层工程施工技术，主要包括三部分内容，分别是公路路面基层工程概述、水泥稳定土施工技术、石灰稳定土施工技术。第三章为水泥混凝土路面施工技术，主要包括三部分内容，分别是水泥混凝土施工准备、水泥混凝土滑模摊铺机施工技术、混凝土砌块路面砌筑施工技术。第四章为道路施工安全管理，主要包括三部分内容，分别是施工安全管理概述、施工安全事故的预防、文明施工管理。第五章为道路施工质量管理，主要包括四部分内容，分别是质量管理概述、质量管理体系的构建、道路施工质量管理的主要内容、沥青路面冷再生施工技术。第六章为道路施工技术管理，主要包括两部分内容，分别是施工组织设计、施工进度计划的编制。

在撰写本书的过程中，作者得到了许多专家学者的帮助和指导，参考了大量的学术文献，在此表示真诚的感谢。由于作者水平有限，书中难免会有疏漏之处，希望广大同行批评指正。

目　　录

第一章 公路路基工程施工技术

第一节 公路路基工程概述

公路路基是在原地面上通过挖、填、压实、砌筑而修成的构造物。公路路基施工就是以批准的设计文件和施工技术规范、现行标准为依据，以工程质量为中心，采用一定的施工方法，有组织、有计划地将设计图纸转化为工程实体的建筑活动。

一、路基工程的特点

公路路基是由土石方修筑而成的一种巨型的线性构造物，它与工业与民用建筑有很大不同，具有如下特点：

第一，路基土石方工程量大，沿线分布不均匀。路基工程的工程量大小不仅与路基工程相关的设施（如路基排水、防护与加固等）相互制约，而且与公路工程的其他项目（如桥涵、隧道、路面及附属设施）密切相关。因此，路基施工在质量标准、技术操作、施工管理等方面具有特殊性，必须予以研究并不断改进。工程实践充分证明：在整个公路工程施工中，路基施工往往是施工组织管理的关键。

第二，路基工程施工质量的制约因素比较多。工程实践证明，路基工程的施工质量好坏，不仅与路基材料、施工机械、施工方法、施工工艺、管理水平等有关，而且与技术水平、自然条件、地区经济、地形、地质等相关。

第三，路基工程的项目繁多，如土方、石方及圬工砌体等，在施工方法与技术操作方面各具特点。其中，圬土砌体是指用砖、石、混凝土预制块砌筑的桥涵拱圈、墩台、挡土墙及其附属工程等。路基工程主要包括路堤与路堑，基本操作主要是挖掘、运输和填筑，施工工序虽然比较简单，但施工条件多变、地质情况比较复杂，因而施工方法具有多样化，简单的工序中常常会遇到极为复杂的技术和管理方面的问题。

第四，路基施工很多是野外操作，特别是边远山区自然条件差，运输道路不畅通，设备与施工队伍的供应和调度困难，再加上路基工地战线长、分散、工作面狭窄，且经常遇有特殊地质不良现象等，这些困难易使一般的技术问题变得复杂化，而复杂的技术问题，更是难以用常规的方法去解决。

第五，在路基施工中还存在着场地布置难、临时排水难、用土处置难、土基压实难、赔偿工作难、群众工作难等许多不利因素。路基的隐蔽工程较多，如果施工质量不符合国家施工规范的要求，会给路基和路面留下隐患，一旦产生病害，不仅损坏道路使用品质，妨碍交通及造成经济损失，而且往往后患无穷，难以根治。

因此，在路基工程施工中，必须采用科学合理的施工方法，选择合适的填筑材料，选用先进的机械设备和施工技术，进行周密的施工组织与科学的管理，才能实现快速、高效、安全施工，才能有效地保证路基工程的施工质量。

二、路基施工的基本方法

公路路基土石方的施工作业主要包括开挖、运输、铺填、压实和修整等工作。有时为了提高挖土的效率，还要先进行松土。路基施工的基本方法可分为以下几种：

（一）人工和半机械化施工

人工和半机械化施工，主要是指依靠人力，使用手工工具和简易的机械设备以完成工程作业的全过程。这种施工方法适用于缺乏机械的地方道路工地和工程量小而分散的零星工程点，以及某些辅助性的工作，其生产效率较低，劳动强度较大，施工质量不易保证。

（二）水力机械施工

水力机械施工主要是指运用水泵、水枪等水力机械以完成工程作业的全过程，工作时，用高压水泵或高压水枪喷射出高压水流，把土冲散并泵送到指定的地点沉积。这种施工方法可用来挖掘比较松散的土层和进行软土地基加固的钻孔工作，但施工现场要有充足的水源和电源。

（三）爆破施工

爆破施工是开挖岩石路堑最基本的方法。采用钻岩机进行钻孔，爆破后机械清理运渣，是岩石路基实现机械化施工的必备条件。爆破施工除用于岩石路堑开挖外，还可以用于冻土、硬土和泥沼等特殊路基施工和石料开采。采用定向爆破技术，可将路基挖方直接移作填方，能大大提高土石方挖填生产率。

（四）机械化施工

机械化施工是公路路基工程发展的必然趋势，是确保工程质量和加快施工进度的重要措施。这种施工方法是采用推土机、铲运机、挖掘机、平地机、运输车辆、松土机和压路机等施工机械，经过计算、选型、配合，使参与施工的各项施工机械共同协调地工作。机械化施工可极大地提高劳动生产率，显著地加快工程的施工进度，并有效地保证工程质量。

上述几种施工方法的选择，应根据工程类型、工程性质、工程量大小、施工条件、施工期限、质量要求、机械有无等因素而确定，同时要结合考虑因地制宜、综合配套、经济效益等方面。

对于高速公路、一级公路以及特殊地区，或采用新技术、新工艺、新材料进行路基施工时，应采用不同的施工方案进行试验路段施工，从中选择路基施工的最佳方案用于指导全线施工。试验路段的位置，应选在地质条件、断面形式、地形情况、施工条件均具有代表性的地段，试验路段的长度一般以100～200m为宜。

三、公路工程机械化施工

为了保证公路建设的施工质量，按时完成施工任务，获得最佳的技术经济效益和社会效益，根据公路建设项目要求和具体施工条件，对公路工程施工机械进行合理选择和组合，使其发挥最大效能是公路工程采用机械化施工时必须首先妥善处理的重要问题。

（一）公路工程机械化施工的意义

公路工程机械化施工，是指通过合理地选择施工机械，科学地制订施工方案，精心地组织施工，以完成工程作业的全过程。公路工程机械化的度量可用机械化程度来表示。

机械化程度 =（利用机械完成的实物工程量 / 全部工程量）× 100%

实际上机械化程度根本无法全部表示机械化施工的意义，机械化施工有着更广泛的内涵，不仅体现在机械化程度上，而且更注重机械的管理水平，应当理解为涉及施工机械、施工技术、施工组织及施工管理等多学科的现代化施工技术。公路工程实现机械化施工，主要包含以下 4 个方面的意义。

①在公路工程的机械化施工中，应尽可能提高机械化装备水准，对于可以采用机械作业的，应尽可能地采用机械施工，以减轻人的繁重体力劳动，改善劳动条件，节省大量人工，加快工程施工进度。

②在组织公路工程机械化施工中，还要注意根据不同的施工对象和要求，选择最适宜的施工机械，进行各种不同机械的合理组合，充分发挥机械的效能，加快工程施工进度，降低消耗和施工成本，保证工程施工质量，最终取得明显的经济效益。

③要有科学的施工组织设计指导工程施工。公路工程施工不仅受各种自然因素的影响很大，而且战线长、工程量大、涉及面广、运用施工机械种类和数量繁多。因此，应当运用先进的管理科学技术，对施工组织计划进行优化，以最佳方案组织施工，从而可以更好地发挥机械化施工的作用，体现出机械化施工的优越性。

④不断采用先进的机械设备，取代施工过程中的低效能、高能耗的落后施工机械，加强对机械的维修和科学管理，这是提高机械化施工水平的重要内容和途径。

（二）公路机械化施工的特点和要求

公路工程的机械化施工，是减轻劳动强度、提高生产效率、加快工程进度、确保工程质量、降低工程成本的重要手段，与采用人工施工相比，具有明显的特点，在施工技术、组织和管理上有更高的要求。

1. 公路工程机械化施工的特点

（1）能完成独特的施工任务

在现代公路工程的施工过程中，有些工程或工序是人力无法做到的，或者具有一定的危险性，必须借助于施工机械才能按照设计要求去完成。

（2）能改善工人的劳动条件

在公路工程施工中，使用操作灵活、威力巨大、效率较高的机械，可以代替大量的体力劳动，使施工者以较少的劳动付出，获得较大的经济效益和工程成果，在一定的工期内和有限的工作面上完成大量工程任务。

（3）能提高劳动生产率

公路工程实现机械化施工，能大幅度地提高劳动生产率，这是公路工程机械化施工最显著的特点。如一台斗容量为 $0.5m^3$ 的挖掘机,可以代替 $80 \sim 90$ 个工人的体力劳动,而一台中型推土机,相当于 $100 \sim 200$ 个工人的工作量。由此可见,机械施工与人力劳动相比,其效率可以提高几十倍甚至百倍以上。

(4)施工比较机动灵活

对于战线长、土石方量大的公路工程施工,随着工程的进展,施工队伍和机械设备转移是经常不断的。相对而言,机械的调转比起大批人员的转移方便得多,尤其适用于流动性大的工程施工。

2. 公路工程机械化施工的要求

①公路工程机械化施工,需要有严密的、科学的施工组织与管理,需要有充足的燃料能源,需要有附属设施和维修设备、良好的零配件供应及相应的运输条件,更需要有具备一定业务专长的技术干部和技术工人。

②为了确保公路工程整个施工过程的顺利进行,以及各个作业、各道工序的均衡协调,需要有足够数量、种类及规格的机械设备,并需要一次性投入大量的资金。

(三)施工机械的选择与组合

公路工程施工机械种类繁多,不同的施工机械又有其独特的技术性能和作业范围。某一种施工机械可能有多种用途(如铲运机、挖掘机等),而某一施工内容往往可以采用不同机械去完成,或者需要若干机种进行联合作业。为了获得最佳的技术经济效果,根据公路工程具体的施工条件,必须对施工机械进行合理的选择与组合,使其发挥尽可能大的机械效能。

1. 选择施工机械的依据

合理选择施工机械的主要依据是公路建设项目的工程量和施工进度。一般情况下,为了保证公路工程的施工质量、施工进度和提高技术经济效益,公路建设项目工程量大时应采用大型机械和先进设备,而工程量较小时则应采用中小型机械和现有设备。但这不是绝对的,因为影响公路建设机械化施工的因素是多方面的。例如,某大型公路建设项目由于受道路、桥梁等条件的限制,大型施工机械不能通过,若为了解决运输问题而另修道路,显然会耗资很大而不经济,这时使用中小型施工机械则较为合理。又如空气稀薄的高原地区,即使工程量不是很大的公路建设项目,也必须选用配备增压柴油机为动力装置的施工机械。

2. 选择施工机械的原则

在现代化公路施工中，工程量大小与施工工期是合理选择机械的重要依据。在一般情况下，为了保证施工进度和提高经济效益，对于工程量大、工期紧迫的工程，应当选用大型、先进的施工机械；而对于工程量小、工期要求较松的工程，宜选用中、小型施工机械。但这不是绝对的，有时候可能是其他因素更突出地影响着施工机械的选择。

公路建设采用机械化施工，主要是为了优质、高效、安全、低耗地完成工程建设任务，在提高劳动生产率的同时减轻施工人员的劳动强度。因此，在公路建设采用机械化施工时应遵循以下原则。

（1）适应性原则

施工机械与公路建设项目的具体实际相适应，即施工机械要适应公路建设项目的施工条件和作业内容。例如，路基工程的施工范围广、施工条件变化大，选用的施工机械一方面应适应公路工程所在地的气候、地形、土质、场地大小、运输距离、施工断面形状与尺寸、工程质量要求等，另一方面施工机械的工作容量、生产率等要与公路工程进度及工程量相符合，应尽量避免因施工机械的作业能力不足而延误工期，或因作业能力过大而使施工机械利用率降低。在条件许可的情况下，尽量选择最适合公路路基建设项目内容的施工机械。

（2）先进性原则

新型的公路工程施工机械具有高效低耗、性能优越稳定、工作安全可靠、施工质量优良等优点，产品单价虽然不同于一般，但其性价比仍较高，更能保质保量地完成公路工程施工任务。此外，采用先进的施工机械，由于其性能优越、安全可靠、故障率低，最终可取得较好的技术经济效益。

（3）经济性原则

公路工程施工机械经济性选择的基础是施工单价，它主要与施工机械的固定资产消耗及运行费用等因素有关。采用先进的大型的施工机械进行公路工程施工，虽然一次性投资较大，但可以分摊到较大的工程量当中，对公路建设项目的成本影响较小。因此在选择公路工程施工机械时，必须权衡工程量与机械费用的关系，同时要考虑施工机械的先进性和可靠性，这是影响公路工程机械化施工经济效益的重要因素。

（4）安全性原则

在选择合适的施工机械、保证公路建设项目工程质量和施工进度的同时，应充分考虑施工机械的安全可靠性，如施工机械是否行驶稳定、有无翻车或落体保护装置、是否防尘隔声以及危险施工项目是否可遥控操作等。此外，在保证施工人员、设备安全的同时，应注意保护自然环境及已有的建筑设施，不致因所采用的施工机械及其作业而受到破坏。

（5）通用性和专用性

根据公路建设项目的技术要求，选择合适的施工机械是保证工程质量和施工进度的重要条件之一。在此过程中，应充分考虑施工机械的通用性和专用性。通用施工机械可以一机多用，用一种机械代替一系列机械，这样既简化了工序，减少了作业场地，扩大了机械使用范围，提高了机械利用率，又方便管理和修理。专用施工机械生产率高、作业质量好，因此某些作业量较大或有特殊施工要求的公路建设项目，选择专用性强的施工机械较为合理。

在进行各种施工机械组合时应当考虑以下几点：

①主导机械与配套机械，其工作容量、数量及生产率应稍有储备，机械的工作能力应配合适宜，一般情况下，配套机械的工作能力应稍大于主导机械要求具备的工作能力，以充分发挥主导机械的生产率。

②牵引车与配套机具的组合应适宜。

③作业机械组合数应尽量少，以提高施工的总效率。

④尽量选用正规厂家生产的系列产品，以保证施工机械的质量，便于施工机械的维修和管理。

3. 施工机械的选择

在公路工程施工中，施工机械的选择对施工速度、工程质量、施工安全和工程投资等，均有很大的影响。因此，应当根据工程实际、施工机械的技术性能，针对各项工程作业的具体情况，按照作业内容、土质条件、运距大小和气候条件等合理地选择施工机械。

（1）根据作业内容选择

公路路基工程的作业内容可以分为基本作业和辅助作业两部分。基本作业包括土石方挖掘、装运、填筑、压实、修整和挖沟；辅助作业包括砍伐树根、松土、爆破、表层处理和其他方面处置。

工程实践证明，对于中小型公路工程，选择通用性施工机械较为经济、合理；而对于大型公路工程，应当更注重根据作业内容选择机械，这样才能获得最佳的技术经济效益。在具体选择时，首先应选定作业的主要施工机械，然后根据其生产能力、工作参数及施工条件选择辅助施工机械，以保证工程能够连续均衡地开展下去。

（2）根据土质条件选择

在路基工程施工中，土石是机械施工的主要对象，其性质和状态直接影响施工机械作业的质量、工效和成本等，因此，土质条件也是选择施工机械的一个重要依据。在一般情况下应从以下几个方面考虑选用。

①根据机械通行性选择。所谓机械通行性是用来表示车辆，特别是工程施工车辆在土质等条件限制下，在工地现场行驶的可能程度。一定土质路面的车辆通行性，可通过对土壤性质变化的测定来进行确定。

②根据土质的工程特性选择。不同土质对不同机械的施工作业的可能性和难易程度影响是比较大的，因此，在施工中必须根据工地现场土质的工程特性，选择合适的施工机械。在选择施工机械时，工程上通常将较为干燥的黏土、砂土、砂砾土、软岩和岩土等称为硬土，而将淤泥、流沙、沼泽土、湿陷性黄土、黑土及软弱黏土等称为软土。

（3）根据运输距离选择

各种运输机械都有自己的经济运距，因此在公路工程施工中选择施工机械时，应当考虑运输机械的经济运距和道路条件。

（4）根据气候条件选择

公路工程施工的气候条件，主要是指雨季的雨水、冬季结冰的融水及冬季的冻土。因为雨水会使土壤中的含水量增大，降低原有机械的作业效率，有时甚至不得不使用效率较低的履带式施工机械。冬季天气寒冷，含水的土壤成为冻土，从而增加了施工作业的困难，严重降低了作业效率，有时甚至需要爆破或用松土器等机械来帮助作业，这不仅会影响工程施工进度，而且无法保证施工质量。

（四）路基机械化施工的主要程序

路基工程施工的一般程序为施工前的准备工作、修建小型人工构造物、路基基础处理、路基土石方工程施工、路基工程的检查与验收等。具体来讲，路基工程施工的主要工序为料场的选择、路堤基底的处理、路堤填料的填筑和路堤填料的碾压。

1. 料场的选择

各类公路用土具有不同的工程性质，在选择作为路基的填筑材料时，应当根据不同的土类分别采取不同的工程技术措施。

（1）各类土的工程性质

在公路工程施工中，常见的土主要有不易风化的石块、碎（砾）石土、砂土、砂性土、黏性土、粉性土、膨胀性重黏土及易风化的软质岩石等。

①不易风化的石块。不易风化的石块,主要包括漂石(块石)和卵石(块石),它们的透水性大,有很高的强度和稳定性,使用场合和施工季节均不受限制,为最好的填筑路基的材料,也可以用于砌筑边坡。但石块之间要嵌锁密实,以免在自重和行车荷载的作用下石块松动产生沉陷变形。

②碎(砾)石土。碎(砾)石土透水性大,内摩擦系数高,强度比较大,水稳定性好,施工压实方便,能达到较好的密实程度,是一种很好的路基填筑材料。若细粒含量增多,则其透水性和水稳定性将下降。

③砂土。砂土基本无塑性,透水性和水稳定性均比较好,毛细管上升高度很小,具有较大的内摩擦系数。但由于其黏性小,易于松散,对流水冲刷和风蚀的抵抗能力很弱,压实也比较困难。但是,经充分压实的砂土路基,其压缩变形小、稳定性好。为了加强压实和提高稳定性,可适量掺加一些黏土,改善其级配组成,或采用振动法压实,增大压实中土的移动,或将边坡表面予以加固,以提高路基的稳固性。

④砂性土。砂性土不同于砂土,既含有一定数量的粗颗粒,又含有一定数量的细颗粒,其内摩擦系数较大,具有一定的黏结性,级配适宜,强度和稳定性等都能满足要求,是一种理想的路基填筑材料。例如,细粒土质砂土就是一种砂性土,其粒级组成接近最佳级配,遇水不黏、不胀,雨天不泥泞,晴天不扬尘,易于压实。

⑤黏性土。黏性土中细颗粒含量多,土的内摩擦系数小而黏聚力大,透水性小而吸水能力强,毛细现象显著,有较大的可塑性。干燥时坚硬而不易挖掘,施工时不易破碎,浸水后强度下降较多,干湿循环因胀缩引起的体积变化也大,过于干燥或过于潮湿时均不利于施工。在给予充分压实和良好排水的条件下,黏性土也可以作为填筑材料。

⑥粉性土。粉性土因含有较多的粉粒,毛细现象严重,干时易被风蚀,浸水后很快被湿透,在季节性冰冻地区,常引起冻胀和翻浆,水饱和时又振动产生液化问题。粉性土特别是粉土,属于不良的公路路基用土。如果不得已使用时,宜掺配适量的其他材料,即采取技术措施改良土质,同时必须加强排水和隔离等措施。

⑦膨胀性重黏土。膨胀性重黏土几乎不透水,黏结力特别强,干时难以挖掘,湿时膨胀性和塑性都很大。膨胀性重黏土的工程性质受黏土矿物成分影响较大,黏土矿物主要包括蒙脱土、高岭土和伊犁土。蒙脱土主要分布在东北地区,其塑性大,吸湿性膨胀强烈,干燥时收缩大,透水性极低,压缩性大,抗剪强

度低。高岭土分布在我国南方地区，其塑性较低，有较高的抗剪强度和透水性，吸水和膨胀量较小。伊犁土分布在华中和华北地区，其性质介于上述两者之间。膨胀性重黏土不宜用作填筑材料。

⑧易风化的软质岩石。易风化的软质岩石（如泥灰岩、硅藻岩等），浸水后易产生崩解，强度显著降低，变形量大，一般不宜作为填筑材料。

（2）对路基用土的规定

在现行交通行业工程标准《公路路基施工技术规范》（JTG/T 3610—2019）及《公路软土地基路堤设计与施工技术细则》（JTG/T D3-02—2013）中，对公路路基用土还有如下规定：

路堤填料不得使用淤泥、沼泽土、冻土、有机土、含草皮土、生活垃圾、树根和含有腐朽物质的土，采用盐渍土、黄土、膨胀土填筑路堤时，应遵照国家或行业的有关规定执行。

对于液限大于50%、塑性指数大于26的土，以及含水量超过规范规定的土，不得直接作为公路路堤填料。确实需要采用时，必须采取满足设计要求的技术处理，经检查合格后方可使用。

钢渣、粉煤灰等材料，均可以用作道路路堤的填料，其他工业废渣在使用前应进行有害物质的含量试验，避免有害物质超标，污染环境。

捣碎后的种植土，可以用于路堤边坡的表层，作为绿化用土。路基填方材料，应具有一定的强度。

为了节约投资和少占耕地农田，一般应尽量利用附近路堑或附属工程（如排水沟等）的弃土作为填料，或者将取土坑布置在荒地、空地或劣地上。

2.路堤基底的处理

路堤基底的处理是保证路堤稳定、坚固的重要措施。在路堤填筑前进行基底处理：能使填土与原来的表土密切结合；能使初期填土作业顺利进行，能使地基保持稳定，增加承载能力；能防止因草皮、树根腐烂而引起的路堤沉陷。对于一般路堤基底的处理，除按照清理场地的要求进行外，还应按下列规定执行。

基底土比较密实，且地面横坡不陡于1∶10时，经碾压符合要求后可直接在地面上修筑路堤，但在不填不挖或路堤高度不大于1m的地段，应清除草皮、树根等杂物。在稳定的斜坡上，横坡为（1∶10）～（1∶5）时，基底应清除草皮。横坡陡于1∶5时，原地面应挖成台阶形，台阶的宽度不小于1m，高度不小于0.5m。如果地面横坡超过1∶2.5时，外坡脚应进行特殊处理（如修护墙和护脚等）。

当路基稳定受到地下水影响时，应予拦截或排除，引地下水至路堤基础范围之外，然后再进行填方的压实。

当路堤基底为耕地或松土时，应当先清除有机土、种植土，进行平整后按规定要求压实。在深耕地段，必要时还应将松土翻挖、土块打碎，然后回填、整平、压实。当经过水田、池塘或洼地时，应根据具体情况采取排水疏干、挖除淤泥、打砂桩、抛填片石或石灰（水泥）处理土等措施，以保持基底的稳固。

在路堤修筑范围内，原地面上的坑、洞、墓穴等，应用原地的土或砂性土进行回填，并按规定进行压实。

3.路堤填料的填筑

（1）填土路堤的填筑方式

路堤填筑必须考虑不同的土质，从原地面逐层填起，并分层进行压实，每层的厚度随压实方法而定。填筑方式一般有以下几种：

1）水平分层填筑

水平分层填筑，即填筑时按照横断面全宽分成水平层次，逐层向上进行填筑。如果原地面不平，应从最低处填起，每填筑一层后，经压实后再填筑上一层。水平分层填筑法施工操作方便、安全，压实质量容易保证。

2）纵坡分层填筑

纵坡分层填筑宜于用推土机从路堑取土填筑距离较短的路堤，并依纵坡方向进行分层，逐层向上填筑，在原地面纵坡小于20°的情况下可以采用这种方法施工。

3）横向全高填筑

横向全高填筑即从路基一端按横断面的全部高度，逐步推进填筑，这种填筑方法仅用于无法自下而上填土的陡坡、断岩或泥沼地区。但此法对所填筑土料不仅不易压实，并且还有沉陷不均匀的缺点。为此，应采用必要的技术措施，如选用高效能的压实机械，或者采用沉陷量较小的砂性土或废石方作为填料，或者采用混合填筑法，即路堤下部全高填筑、路堤上部水平分层填筑等。

（2）沿横断面一侧填筑的方法

当需要加宽路堤时，所用填土应与原路堤用土尽量接近或为透水性好的土，并将原边坡挖成向内倾斜的台阶状，分层进行填筑，并碾压到规定的密实度。严禁将薄层新填土贴在原边坡的表面。

高速公路和一级公路，横坡陡峻地段的半填半挖路基，必须在山坡上从填方坡脚向上挖成内倾斜的台阶，台阶的宽度不应小于1m。其中挖方一侧，在

11

行车范围之内的宽度不足一个行车宽度时，应挖够一个行车道的宽度，其上路床深度范围之内的原地面土应予以挖除换填，并按上路床填方的要求施工。

（3）不同土质混填时的方法

当用不同性质的土进行混合填筑时，应视土的透水能力的大小，进行分层填筑压实，并采取有利于排水和路基稳定的方式。填筑时，一般应遵守以下几个原则：

①以透水性较小的土填筑路堤下层时，其顶面应做成坡度为 4% 的双向横坡，若用于填筑上层时，除干旱地区外，不应覆盖在透水性较大的土所填的下层边坡上。

②不同性质的土料，应分别进行填筑，不得混填，每种填料层累计总厚度不宜小于 0.5m。

③凡不因潮湿及冻融而变更其体积的优良土料，应当填筑在上层，强度（变形模量）较小的土料应填筑在下层。

（4）填石路堤的填筑方法

填石路堤的填筑，其基底处理与填筑土料的路堤相同。石料的强度应不小于 15MPa，用于护坡的石料强度应不小于 20MPa。石料的最大粒径不宜超过层厚的 2/3。每层松铺的厚度，高等级公路不宜大于 0.5m，其他公路不宜大于 1.0m。

高等级公路和铺设高级路面的其他等级公路的填石路堤，均应分层填筑、分层压实。铺设低级路面的一般公路在陡峻山坡段施工特别困难或大量爆破以挖作填时，可采用倾填方式将石料填筑于路堤下部。倾填前，路堤边坡坡脚应用粒径大于 30cm 的硬质石料码砌。码砌的厚度要求如下：填石路堤高度小于或等于 6m 时，应不小于 1.0m；路堤高度大于 6m 时，应不小于 2m 或按设计要求码砌。高等级公路填石路堤路床顶面以下 50cm 范围内，应填筑符合路床要求的土并分层压实，填料最大粒径不得大于 10cm。其他公路填石路堤路床顶面以下 30cm 范围内，宜填筑符合路床要求的土并压实，填料最大粒径不应大于 15cm。

（5）土石路堤的混填方法

土石路堤的填筑，其基底的处理也与填筑土料的路堤相同。土石混合料中石料强度大于 20MPa 时，石块最大尺寸不得超过压实层厚度的 2/3，否则应当将其剔除；当石料强度小于 15MPa 时，石块最大尺寸不得超过压实厚度，超过者应将其打碎。土石路堤必须分层填筑、分层压实。每层铺填厚度应根据压实机械规格和类型确定，但最大不宜超过 40cm。

混合料中石料的含量多少，将严重影响压实效果。因此，当石料含量大于70%时，应先铺大块石料，且大面向下安放平稳，然后铺小块石料、石屑等进行嵌缝找平，最后再碾压密实。当石料含量小于70%时，土石可以混合铺填，但应消除硬质石块过于集中的现象。

土石混合料填筑高等级公路时，其路床顶面以下30～50cm范围内，仍应填筑符合路床要求的土并压实，填料最大粒径不得大于10cm。其他公路在路床顶面以下填筑30cm的砂类土，填料最大粒径不得大于15cm。

4.路堤填料的碾压

路堤填料的碾压是路基工程中的一个关键施工工序，只有有效地压实路基填筑料，才能保证路基工程的施工质量。除了采用透水性良好的砂石材料外，其他填料均需使其含水量在最佳含水量的±2%内，方可进行碾压。因此，在路堤土石料碾压的施工中，必须经常检查填料的含水量，并按规定检查压实度。

（1）确定要求的压实度

路基要求的压实度，应根据填挖类型、公路等级和路堤填筑高度而确定。

（2）进行试验段碾压试验

各种压实机具碾压不同土类的适宜厚度、所需碾压遍数与填土的实际含水量及要求的压实度大小有关，在正式对路堤填土压实前，应根据要求的压实度，在试验段碾压试验时加以确定。高等级公路路基填土压实，宜采用振动压路机或30～50t的轮胎式压路机进行。采用振动压路机碾压时，第一遍应当进行静压，第二遍开始用振动压实。

为确保填土的压实质量，在压实过程中应严格控制填土中的含水量。当填土的含水量过大时，应将土翻晒至要求的含水量后再碾压；当含水量过小时，需要均匀地洒水后再进行碾压。在一般情况下，天然土中的含水量基本接近最佳含水量，因此在填土后应随即进行压实。

填石路堤在进行压实前，应先用大型推土机推铺平整，个别不平整的地方，可以配合人工用细石屑加以找平。采用的压实机具宜选工作质量在12t以上的重型压路机、2.5t以上的夯锤或25t以上的轮胎式压路机。碾压时要求均匀压实，不得出现漏压。每层的铺土厚度，当采用重型振动压路机或夯锤压实时，可以加厚至1.0m。

填石路堤压实所要求的密实度所需碾压遍数（或夯压遍数）应当经过试验确定。以12t以上振动压路机进行压实试验，当压实层顶面稳定，不再有下沉现象时，可判为达到密实状态，即压实度合格。

土石路堤的压实要根据混合料中巨粒土含量多少来确定。当混合料中巨粒土含量较少时，应按填土路堤的压实方法进行压实；当混合料中巨粒土含量较多时，应按填石路堤的压实方法进行压实。

（3）检查填土的压实度

检查压实后填土的含水量和干密度，填土的压实质量是道路工程施工质量管理最重要的内在指标，填土的压实质量用压实度表示，一般可用下式计算出填土的压实度 K：

$$K= 检查点土的干密度 / 最大干密度 \times 100\%$$

每个检查点的填土压实度必须合格，不合格的必须重新进行处理，直至压实合格为止。压实度检测的方法有环刀法、灌砂法、水袋法和核子密度仪法，在使用核子密度仪法测定路面压实度时事先应与规定的试验方法做对比试验。

土石路堤的压实度检测采用灌砂法或水袋法时，其标准干密度应根据每种填料的不同含石量的最大干密度作出标准干密度曲线，然后根据试坑挖取试样的含石量，从标准干密度曲线上查出对应的标准密度。压实度的要求同土质路堤的标准要求。

当巨粒土含量较高，无法采用灌砂法或水袋法进行检测时，可以按照填石路堤压实度的检查方法检测。压实度的标准也按填石路堤的压实度标准执行。

第二节　公路路基压实技术

路基施工破坏了土体的天然固结状态，使其变得结构松散、强度很低，为使路基具有足够的强度和稳定性，必须采取措施予以压实，以提高其密实程度。技术等级越高的公路，对路基的压实要求越严格。

路基压实是确保路基施工质量的重要施工环节，是提高路基强度和稳定性的根本技术措施。路基压实的作用包括提高填料的密实度、减小孔隙率、增强填料之间的接触面、增大凝聚力或嵌挤力、提高内摩阻力，为路基的正常工作提供良好的基础。因此，压实的目的在于使土粒重新组合、彼此挤紧、孔隙缩小，从而使土体的单位质量提高、强度增加、稳定性提高，最终导致形成密实的整体。

在路基施工中，压实是改善土体工程性质的一种经济合理措施。大量的试验和工程实践证明：土基经过压实后，路基的塑性变形、渗透系数、毛细水作用及隔温性能等均有明显改善。因此，在路基压实施工中应根据不同的土质和压实质量要求选择不同的压实机械。

一、路基压实机械的种类及原理

（一）路基压实机械的种类

根据压实功能作用原理的不同，土石方压实机械可分为静力压实机械、振动压实机械和冲击压实机械3类。其中静力压实机械又可分为光面压路机、羊足碾压路机和轮胎压路机，振动压路机又可分为自行式振动压路机和拖式振动压路机。

在光面压路机中，三轮光面压路机的吨位较大，多用于基层的压实。二轮光面压路机多用于路基与路面的压实。羊足碾的单位压力较大，多用于填土或路基的初压工作，特别是对含水量较大、土颗粒大小不等的黏性土，压实效果比较好。

轮胎压路机是以充气轮胎对铺筑材料进行压实的一种施工机械，它可以用增加配重方法改变每个轮胎的负荷，从而改变轮胎内压使接触应力发生变化。因此，轮胎压路机能适应各种土壤的压实，应用范围广泛，压实深度大，压实效果好。轮胎对被碾压材料有一种揉压作用，这使其在压实沥青路面时更具有优越性。

振动压路机是利用机械高频率的振动对土层进行压实的一种施工机械。在非黏性土中使用振动压路机进行碾压时，土层跟着压路机的频率产生强烈振动，使土颗粒之间彼此分离，大大减小了土颗粒间的摩擦力；同时，土颗粒在压力机的冲击压力作用下，产生位移，相互挤紧，直到土壤空隙最小、密度最大为止。振动压路机对黏性土的压实效果较差。

夯实机一般用于压路机难以碾压到的局部或狭窄地段的压实，如台背的回填等。

（二）路基土体压实的原理

压实是指通过施加外力，增大某种填筑材料的密度。在一般情况下，土的结构是由固相的土颗粒、气相的空气和液相的水组成的。在各种不同外力的作用下，路基土体压实的原理，按压实机械功能作用种类的不同，可分为静压作用原理、冲击作用原理和振动作用原理。

1. 静压作用原理

静压作用原理是依靠机械自重（如压路机）对土体进行密实。在开始碾压时，土体由于处于松散状态，很容易被压缩，从而产生较大的塑性变形，随着碾压遍数的增加，压实度不断提高，土体变得越来越密实且有弹性，此时土颗粒之间的摩阻力阻止土颗粒发生位移。

2. 冲击作用原理

冲击作用原理是将一定质量的物体（如夯板）提升至一定高度，然后使其自由下落产生一定的冲击力，对土体进行冲击压实。冲击荷载比静压荷载对土体产生更大的作用力，其产生的冲击波从表面传至土层内，从而使土颗粒产生运动，在土层深处也能产生较大的压力。因此，冲击作用比静压作用对土体的压实效果要好。

3. 振动作用

振动作用原理是振动压路机用快速、连续的冲击力作用于土体表面，每次冲击给地表下土体一个压力波，多次连续冲击从而形成接连不断的压力环，使土体颗粒处于运动状态，以消除土体颗粒间的摩擦力。此时，在压路机自重和冲击压力波的作用下颗粒相互发生位移、产生挤压，使土体密实度提高。

事实上，土体中的颗粒间还存在一定的黏聚力，而且随着颗粒的减小而迅速提高。因此，对黏性土的压实还必须克服土体颗粒间的黏聚力。

振动压实是路基土体压实中推荐使用的方法，一般常选用振动压路机。在采用振动压实时，要达到预期的压实效果主要取决于以下两个因素：①要使土体内颗粒之间处于运动状态，以消除颗粒间的内摩擦力，为土体的有效压实创造条件；②振动压路机要对土体产生较大的压应力和剪应力。

二、影响压实效果的主要因素

对于较细颗粒的土体路基，影响压实效果的因素主要有内因和外因两个方面：内因是指土体本身的土质和含水量；外因是指压实功能（如机械性能、压实时间、压实遍数、压实速度和土层厚度等）及压实时外界自然和人为的其他因素等。归纳起来，影响土体压实效果的主要因素有土的含水量、土的性质、压实功能、压实厚度、地基或下承层强度、碾压机具和方法等。

（一）土的含水量对压实效果的影响

土中含水量对压实效果的影响比较显著。当含水量较小时，由于颗粒间引力使土保持着比较疏松的状态或凝聚结构，土中空隙大多互相连通，水少而气多，在一定外部压实功能作用下，虽然土空隙中的气体易被排出，土的密度可以增大，但由于水膜润滑作用不明显，以及外部功能不足以克服颗粒间引力，土粒移动不容易，因此压实效果比较差。

1. 含水量与密实度的关系

对任何有一定黏结力的土，在不同的含水量情况下，用同样的压实功来进行压实，将获得不同的密实度和强度。同一种土在同一贯入击实标准下所得到的关系曲线表明，土的干密度与其含水量有密切的关系。试验结果证明：在同等条件下，土体在达到一定含水量之前，干密度随其含水量的增加而提高，其主要原因是水在土颗粒间起润滑作用，土颗粒间的摩阻力减小，当施加外力后，土颗粒间的孔隙减小而被挤紧，土的干密度得以提高。当干密度达到最大值后，如果含水量继续增大，土颗粒间的孔隙被水分所占据，而水在一般情况下不会被外力所压缩，造成水分互相转移，土的干密度反而下降。

土体在一定压实条件下，获得的干密度最大值，称为最大干密度，相应的含水量称为最佳含水量。由此可见，在土体压实的过程中，如果能控制土的最佳含水量，则会得到最佳的压实效果，耗费的压实功能也最为经济。

2. 含水量与土的水稳定性的关系

土粒含水量饱和后，干容重与形变模量均有所降低，但在最佳含水量时，两曲线间干容重和变形模量的降低值均最小，此状态称为水稳定性好，也就是说，在最佳含水量时压实的土基，其强度和稳定性最好。如果以变形模量为准，尽管得到的形变模量最高，但饱水后的压缩模量却大大降低，这表明水稳定性极差。

（二）土的性质对压实效果的影响

不同土质的压实性能差别较大，一般来说非黏性土的压实效果较好，而且其最佳含水量较小、最大干密度较大。在静力的作用下，其压缩性比较小，而在动力的作用下，特别是在振动力的作用下很容易被压实。但黏性土、粉质土等分散性土的压实效果较差，主要是由于这些细分散性的土颗粒的比表面大、黏聚力大、土颗粒表面水膜需水量大、最佳含水量偏高，而最大干密度反而偏小。

土方工程压实实践证明，土质对压实效果的影响很大。一般规律是，不同的土质，有着不同的最佳含水量及最大干容重。

（三）压实功能对土料压实的影响

压实功能主要是指压实工具的种类、机械性能、碾压遍数、锤落高度、作用时间等，压实功能是除土料含水量之外，对压实效果起着重要影响的因素。同一种土料的最佳含水量随着压实功能的增大而减小，最大干容重则随着压实功能的增大而提高。在相同含水量的条件下，压实功能越高，土基的密实度越高。

根据此规律，在压实工程实践中，可以采用增加压实功能（如选用重碾、增加碾压遍数、延长作用时间等）措施，以提高路基强度或降低最佳含水量。但必须指出，单纯用增加压实功能的办法来提高土基的强度是有一定限度的。因为当压实功能增加到一定程度后，压实效果的提高非常缓慢，在经济效益和施工组织上，既不合理，也不科学。如果压实功能过大，不仅会破坏土基的结构，而且会降低土基的水稳定性。相比之下，严格控制土料的最佳含水量，要比增加压实功能有更大的收益。

应当特别指出的是，当土料中的含水量不足、洒水有困难时，适当增大压实功能有一定收效；如果土料中的含水量过大，此时再增大压实功能，必将出现"弹簧现象"（工程上称为"橡皮土"），压实效果反而很差，甚至造成返工浪费。

（四）压实厚度对压实效果的影响

土层压实试验表明：在土受到压实时，能够均匀变形的深度（有效压实深度）近似等于2倍的压模直径或2倍的压模与土接触表面的最小横向尺寸。当超过这个范围时，土受到的压力急剧变小，并逐渐趋于零，可认为此时土的密实度没有变化。在土质、含水量与压实功能保持不变的条件下，由实测土层不同深度的密实度或压实度可知，密实度随深度的增加而递减，在离表层5cm范围内的密实度最高。

工程实践证明：不同压实工具的有效压实厚度是有差异的，根据压实工具类型、土质及土基压实的基本要求，路基分层压实的厚度有具体的规定数值。有效压实厚度（产生均匀变化的深度）与土质、含水量、压实机械的构造特征等因素有关。因此，正确控制碾压铺层厚度，对于提高压实机械生产率和确保填筑路基施工质量十分重要。

在一般情况下，夯实机械压实每层铺土厚度不宜超过20cm；12～15t的光面压路机，每层铺土厚度不宜超过25cm；振动压路机或夯击机，每层铺土厚度不宜超过50cm。在实际压实施工过程中，每层铺土厚度应通过现场试验进行确定。

（五）地基或下承层强度对压实效果的影响

在填筑路堤时，如果地基没有足够的强度，路堤的第一层难以达到较高的压实度，即使采用重型压路机或增加碾压遍数，不但不能达到预计的压实效果，甚至使碾压的土层变成"弹簧"，更难达到设计的压实度。因此，对于地基或下承层强度不足的情况，在填筑路堤时通常可采取以下措施：在填筑路堤之前，先将地基碾压几遍，使其达到规定的密实度；如果在地基中有软弱层，则应采用砂砾（碎石）垫层处理；对于路堑处路槽的碾压，先应铲除 30 ～ 40cm 原状土并碾压地基后，再分层填筑压实。

（六）碾压机具和方法对压实效果的影响

压实机具的类型不同，或采用的压实方法不同，均能严重影响土体压实的效果。压实机具和方法对土体压实的影响主要反映在以下几个方面：

1. 压实机具类型不同对土体压实的影响

采用的压实机具不同，其压力传布的有效深度也不同。在一般情况下，夯击式机具的压力传布最深，振动式机具次之，碾压式机具最浅。根据这一基本特性即可确定各种机具的最佳压实度。然而，同一种压实机具的压实作用深度，在压实过程中并不是固定不变的。例如，在使用钢筒式压路机进行碾压时，因土体比较松软，压力传布较深，但随着碾压次数的增加，上部土层逐渐被密实，土的强度相应提高，其作用深度必将逐渐减小。

2. 压实机具质量与作用遍数对土体压实的影响

当压实机具的质量较小时，碾压的遍数越多，土的密实度越高，但密实度的增长速度随着碾压遍数的增加而减小，并且密实度的增长有一个限度，当达到某一个限度后，继续以原来的施压机具对土体增加压实遍数，则只能引起弹性变形，而不能进一步提高土体的密实度。工程实践证明，一般碾压遍数在 6 遍以前，土体密实度增大明显，6 ～ 10 遍增长比较缓慢，10 遍以后稍有增长，20 遍后基本不增长。

三、压实机械的要求与操作

土基压实机械的选择以及合理的操作，是影响土基压实效果的另一个综合性因素，在压实过程中必须引起足够的重视。

土基压实机械的类型较多，一般可分为碾压式、夯实式和振动式三大类型。碾压式压实机械主要包括光面碾（如两轮压路机和三轮压路机）、羊足碾和气胎碾等。夯实式压实机械除人工使用的石夯、石硪外，还包括机动设备中的夯锤、夯板、风动夯及蛙式夯等。振动式压实机械包括振动器、振动压路机等。此外，运土工具的汽车、履带拖拉机、推土机、铲运机等也可用于路基的压实。

不同的压实机具，适用于不同土质及不同土层厚度等条件，这些都是选择压实机具的主要依据。

在正常施工条件下，对于砂性土的压实效果，振动式压实机具较好，夯实式次之，碾压式较差。对于黏性土的压实效果，则宜选用碾压式或夯击式，振动式较差。不同的压实机具，在最佳含水量的条件下，适用于一定的最佳压实厚度以及通常的压实遍数。

压实机具对土料所施加的压力应当有所控制，以防压实功能太大而造成压实过度，产生浪费或破坏。一般认为，压实时的单位压力不应超过土的强度极限。不同土的强度极限，与压实机具的质量、相互接触的面积、施荷速度及压实遍数等因素密切相关。

土基压实时，在机具类型、土层厚度及行程遍数已经选定的条件下，宜先轻后重、先慢后快、先边缘后中间（超高路段等需要时，则从内侧至外侧宜先低后高）。压实时，相邻两次的碾压轮迹应重叠轮宽的1/3，并保持压实速度均匀，不得出现漏压。对于压不到的边角，应辅助以人力或小型机具夯实。在压实的全过程中，应经常检查土料的含水量和密实度，以达到符合规定压实度的要求。

四、路基压实的一般规定

①路堤、路堑和路堤基底均应进行压实。

②路基土压实的最佳含水量及最大干密度以及其他指标，应在路基修筑半个月前，在取土地点取具有代表性的土样进行击实试验确定。击实试验操作方法按现行交通行业工程标准《公路土工试验规程》（JTG 3430—2020）进行。每一种土至少应取一组土样试验。施工中如发现土质有变化应及时补做全部土工试验。

③土质路基的压实度试验方法可采用灌砂法、环刀法、蜡封法、灌水法（水袋法）或核子密度湿度仪（简称核子仪）法。当采用核子仪法时，应先进行标定和对比试验。

④每一压实层均应检验压实度，合格后可填筑其上一层；否则应查明不合格的原因，采取措施进行补压。检验频率为每2000m^{2}检验8点，当不足200m^{2}时至少应检验2点。

⑤填石路堤（包括分层填筑岩块及倾填爆破石块）的紧密程度应在规定深度范围内，选用12t以上振动压路机进行试验，当压实层顶面稳定、不再下沉（无碾压轮迹）时可判为密实状态。

⑥土质路床顶面压实完成后，应进行弯沉检验。检验汽车的轮重（或轴重）

及弯沉允许值应按照设计规定执行。检验频率应为每幅双车道每50m检验4点，左、右两后轮隙下各1点。路床顶面的检测弯沉值在考虑季节影响之后应符合设计要求。

⑦对于填石及土石路堤，如果设计规定需在路床顶面进行强度试验时，应按照设计规定办理。

⑧土质路床顶面检验的压实度和弯沉值均应满足要求。如果仅有一项满足要求，应找出不满足的原因并予以适当处理。

五、几种填方情况的压实

（一）填方地段基底的压实

①细粒土、砂类土和砾石土不论采用何种压实机械，均应将该种土的含水量控制在最佳含水量 ±2% 范围内压实。当土的实际含水量不在上述控制范围内时，应均匀洒水或将土摊开晾干，使含水量达到上述范围要求后方可进行压实。运输上路的土在摊平后，其含水量若接近压实的最佳含水量，应迅速压实。

②各种压实机具碾压不同土类的适宜铺土厚度和所需压实遍数，与填土的实际含水量及所要求的压实度大小有关，碾压中的技术参数应根据要求的压实度，按照试验路段的试验结果确定。

③用铲运机、推土机和自卸汽车推运土料填筑路堤时，应当注意及时平整每层填土，且自中线向两边设置2%～4%的横坡度，并及时进行碾压，在干燥天气和雨季施工时更应注意。

④在选用压路机碾压路基时应按照以下规定进行：

a.在正式进行碾压前，应对填土层的松铺厚度、平整度和含水量进行全面检查，全部符合要求后方可进行碾压。

b.压实应根据现场压实试验路段提供的松铺厚度和控制压实遍数进行。如果控制压实遍数超过10遍，应当考虑适当减少填土层厚度。经压实度检验合格后方可转入下一道工序。不合格处应进行补压后再进行检验，一直达到合格为止。

c.高速公路和一级公路路基填土的压实，宜采用振动压路机或35～50t轮胎压路机进行。采用振动压路机进行碾压时，第一遍应只静压、不振动，然后先慢后快，由弱振至强振，千万不可采用同样振动，更不能采用先强后弱的方式。

d.各种压路机的碾压行驶速度开始时宜用慢速，最大行驶速度不宜超过4km/h；碾压时直线段由两边向中间，小半径曲线段由内侧向外侧，纵向进退式进行；横向接头对振动压路机一般重叠 0.4 ～ 0.5m。对于三轮压路机一般重叠后轮宽度的 1/2，前后相邻两区段（碾压区段之前的平整预压区段与其后的检验区段）宜纵向重叠 1.0 ～ 1.5m。在碾压施工中应达到无漏压、无死角，确保碾压均匀。

⑤使用夯锤压实时，第一遍各夯位宜紧靠排列，如果有间隙则不得大于15mm；第二遍夯位应在首遍夯位的缝隙上，如此连续夯实直至达到规定的压实度。

（二）填石路堤的压实

①填石路堤在压实之前，应当用大型推土机将路堤表面摊铺平整，对于个别不平整之处应当用人工配合以细石屑找平。

②填石路堤均应压实并宜选用工作质量 12t 以上的重型振动压路机、工作质量 2.5t 以上的夯锤或 25t 以上的轮胎压路机压(夯)实。当缺乏以上几种压(夯)实机具时，可采用重型静载光轮压路机压实，并减少每层填筑厚度和减小石料粒径，其适宜的压实厚度应根据试验确定，但不得大于 50cm。当采用重型振动压路机或夯锤压（夯）实填石路堤时，填筑厚度可加厚至 1.0m。

填石路堤压实时的操作要求，应先压两侧（靠路肩部分）后再压中间。压实路线对于轮碾应纵向互相平行，反复碾压；对于夯锤应成弧形，当夯实密实程度达到设计要求后，再向后移动一夯锤位置。行与行之间应重叠 40 ～ 50cm，前后相邻区段应重叠 100 ～ 150cm。

③填石路堤压实到所要求的紧密程度所需要的碾压或夯压的遍数应经过试验确定。当采用重锤夯实时，可按重锤下落时不下沉而发生弹跳现象进行压实度检验。

④填石路堤使用各种压实机具压实时的注意事项与压实填土路基相同。

⑤填石路堤顶面至路床顶面下 30 ～ 50cm（高速公路及一级公路为50cm，其他公路为 30cm）范围内应填筑符合路床要求的土，并应按有关规定予以压实。

（三）构造物处填方的压实

①桥台背后、涵洞两侧与顶部、锥坡与挡土墙等构造物背后的填土均应分层压实，分层进行及时检查，检查频率为每 $50m^2$ 检查 1 点，当面积不足 $50m^2$ 时至少检验 1 点，每点都应合格，每一压实层松铺厚度不宜超过 20cm。

涵洞两侧的填土与压实，桥台背后与锥坡的填土及压实，应对称或同时进行。

②各种填土的压实尽量采用小型的手扶振动夯或手扶振动压路机；但涵洞顶填土 50cm 内应采用轻型静载压路机压实，以达到规定的压实度为准。

③高速公路和一级公路的桥台、涵身背后和涵洞顶部的填土的压实度标准，从填方基底或洞顶部至路床顶面的压实度均为 95%；其他公路的压实度为 93%。

（四）土石路堤的压实

①土石路堤的压实方法与技术要求，应根据混合料中巨粒土的含量多少，分别按照"填方路堤的压实"或"填石路堤的压实"的规定办理。

②土石路堤的压实度可采用灌砂法或水袋法检验。其标准干容重应根据每一种填料的不同含石量的最大干容重作出标准干密度曲线，然后根据试坑挖取试样的含石量，从标准干容重曲线上查出对应的标准干密度。

当采用灌砂法或水袋法检验有困难时，可按"填石路堤（包括分层填筑岩块及倾填爆破石块）的紧密程度应在规定深度范围内，选用 12t 以上振动压路机进行压实试验，当压实层顶面稳定，不再下沉（无碾压轮迹）时，可判为密实状态"的条文规定进行检验。如果采用几种填料混合填筑，则应从试坑挖取的试样中计算各种填料的比例，利用混合填料中几种填料的干容重曲线查得对应的标准干容重，用加权平均的计算方法，计算所挖试样的标准干容重。

③土石路堤的压实标准，可采用灌砂法或水袋法进行检验。当按"填石路堤（包括分层填筑岩块及倾填爆破石块）的紧密程度应在规定深度范围内，选用 12t 以上振动压路机进行压实试验，当压实层顶面稳定而不再下沉（无碾压轮迹）时，可判为密实状态"的条文规定方法检验时，应按该条的规定判定压实度是否合格。

（五）高填方路堤的压实

①高填方路堤的基底应按规定进行场地清理，并应按照设计要求的基底承压强度进行压实，当设计无具体要求时，基底的压实度宜不小于 90%。当地基比较松软，仅依靠对原土压实不能满足设计要求的承压强度时，应进行地基改善加固处理，以达到设计要求。

②高填方路堤的基底处于陡峻山坡或谷底时，应按照规定挖台阶处理，并严格分层填筑、分层压实。当场地狭窄时，压实工作宜采用小型的手扶振动压路机或振动夯进行压实。当场地较宽广时宜采用自行式自重 12t 以上的振动压路机碾压。

③高填方路堤分层压实松铺厚度与一般公路的填方相同，应根据填筑材料

类别和压实机具性能按照"填方地段基底的压实"的规定确定。

④高填方路堤的压实度检验方法应根据填料的类别，按照路基压实的一般规定中的有关规定办理。

第三节　软土地基施工技术

随着我国高等级公路的不断修建，湿软地基的处理加固已显得越来越重要。土是一种松散的介质，作为路基本身或其支承体，明显的缺点就是强度太低、变形太大，尤其对于软土路基更是如此。特别是高填路堤，由于其自身荷载较大，在修筑高等级公路时，如果对软土地基不加处理，或处理不符合设计要求，往往会导致路基失稳或过大沉降。因此，要保持地基的稳定，保证地基具有足够的承载能力，不致产生过大沉降变形，就必须对湿软地基进行加固处理。

软土地基的自身工程性质较差，往往不能满足路基及桥涵基础的强度要求，必须采取一定的加固措施，以提高地基的强度和稳定性，减小沉降与变形。在选择处理方法时，应综合考虑地基条件、道路条件、施工条件、技术条件和环境条件等，使选择的处理方法既符合目的要求又最经济。

通常每一种软土地基的处理方法都有自己的特点，产生的主要效果也有所不同。一般地说，软土地基的处理按处理目的可分为沉降处理和稳定处理两大类。沉降处理包括加速沉降和减小总沉降量；稳定处理包括控制剪切变形、阻止强度降低、促进强度增长、增加抗滑能力和防止产生液化等。

软土地基常用的处理方法主要有换填土层法、挤密法和化学加固法。随着科学技术的发展，软土地基处理的新材料、新方法和新技术日益增多。下面介绍软土的分类、性质以及软土地基处理的基本规定和方案设计。

一、软土的分类

软土地基是因土体本身含水量大、孔隙比大而使地基呈现出强度低、压缩性高、沉降量大等特点的软弱土层地基。我国东北地区的大兴安岭、小兴安岭、长白山、三江平原、松辽平原等地，青藏高原和西北地区的湖盆、洼地和高寒地均分布有沼泽；在内陆湖、塘、盆地、江、河、海岸和山间洼地则分布有近代沉积的软土。

我国的软土地基按其成因不同，可分为滨海沉积类、湖泊沉积类、河滩沉积类和谷地沉积类 4 种类型；按其沉积的环境不同，可分为滨海相、三角洲相、潟湖相、溺湖相、湖相、河床相、河漫滩相、牛轭湖相、谷地相9种类型。

所谓软土地基，主要是指黏土或粉土颗粒含量极高的软弱土，或由孔隙率大的有机质土、泥炭、松砂组成的土层，地下水位高，影响填土和构造物稳定或使结构物产生沉降的这一类地基。

在公路工程中，对软土地基主要是依据软土类型，根据天然含水量及天然孔隙比等主要特征并结合其他指标进行分类的。软土地基通常可分为软黏性土类、淤泥质土类、淤泥类、泥炭质土类和泥炭类5种类型。

二、软土的性质

软土一般指外观以灰色为主，天然孔隙比大于或等于1.0，且天然含水量大于液限的细粒土，包括淤泥、淤泥质土（淤泥质黏性土粉土）、泥炭、泥炭质土等。软土具有天然含水量高、天然孔隙比大、透水性差、压缩性高、抗剪强度低、高灵敏度、显著的触变性和蠕变性等特点。

1. 天然含水量高、天然孔隙比大

软土中的黏粒和有机质含量较大，吸水能力比较强，加之地处常年积水的洼地，土层厚度大，多呈软塑或半流塑状态，天然含水量为30%～70%，有的甚至达200%；其孔隙比一般均大于1.0，大多为1.0～2.0，在某些地区甚至达6.0；其饱和度一般大于95%；液限一般为35～60；塑性指数为10～30，天然密度为1.5～1.9t/m³。

2. 透水性差

软土的亲水性很强，但其透水性很弱（渗透系数为10^{-8}～10^{-7}cm/s），且具有明显的方向性。由于大部分软土地层中都存在着带砂夹层，所以其渗透系数水平方向略大于垂直方向，软土中黏粒和有机质的含量和液限越大，其渗透系数则越低。因此，软土地基的固结时间长，同时在加载的初期，地基中孔隙水压力较高，严重影响地基的承载力。在施工过程中表现为压实非常困难，既不便于施工作业也不便于行车。

3. 压缩性高

软土由于含水量高、孔隙比大，土粒间连接结构不稳定，所以具有明显高压缩性的特点。软土的高压缩性，随着其液限的增加而增强，压缩系数一般为5.10×10^{-7}～1.53×10^{-6}/Pa。

4. 抗剪强度低

工程实践和试验证明：软土地基由于含水量大、孔隙比大，其抗剪强度很低，在外界荷载及其自身荷载的作用下，容易超出其本身的强度要求而出现剪切破坏，并与加载速度及排水固结有着密切的关系。当不排水剪切时，其内摩擦角接近于零，内摩擦剪应力小于 19.92kPa；当排水剪切时，抗剪强度将随着固结程度的增加而增大。

5. 高灵敏度、显著的触变性和蠕变性

软土结构在未被破坏之前，具有一定的结构强度，但一经扰动，其原结构很容易会被破坏，强度迅速降低，随着静置时间的增长，软土的强度将逐渐恢复。软土的这种性质被称为触变性。如果软土的触变性越大，表示强度降低越明显。

软土在受荷载作用或在荷载变化过程中，将发生连续持久而缓慢的变化，这种在剪应力作用下的剪切变形现象称为土的蠕变性。这种蠕变性实质上是软土的抗剪强度随着时间增长而递减的性质，这种现象在工程上有很大的危害性。

三、软土地基处理的基本规定

①软土地基处理的施工必须确保施工质量，科学地做好施工组织设计，加强施工现场的技术管理，严格按照有关操作规程实施，认真做好工程质量的检查和验收工作。

②在软土地基处理前，应当首先完成下列有关工作：

a.收集并熟悉有关施工图纸、工程地质报告、土工试验报告和施工范围内的地下管线、构造物等有关资料；

b.为科学合理地进行软土地基的处理，组织有关人员编制施工组织设计或施工大纲，使软土地基的处理按一定程序和方法进行；

c.为确保软土地基的处理质量，达到软土地基处理的预定目标，对所准备采用的原材料、半成品、成品进行检验；

d.为保证软土地基施工中的工程进度、施工质量，对所用的施工机械进行认真调试，使施工机械均达到正常运转的良好状态；

e.对准备采用桩基处理的软土地基进行必要的成桩试验，以便取得桩基施工中的技术数据，确保桩基施工成功。

③在软土地基处理前，应做好施工期间的排水措施，对常年处于地表积水、水塘的地段，应按设计要求先做好抽水、清淤和回填工作。

④软土地基处置材料的选用，应当贯彻"因地制宜、就地取材"的原则。

所有运至工地的材料必须分类堆放，妥善保管，按现行有关标准进行质量检验，不合格的处置材料不得用于工程。

⑤在软土地基处置过程中，应当遵循"按图施工"和"边观察、边分析"的方法；如发现施工现场地质情况与设计所提供资料不符，或原设计的处置方式因故不能实施，必须需要改变设计时，应及时报告监理工程师和业主，并根据有关规定报请变更设计，待批准后才能实施。

⑥在软土地基处置过程中，应当认真做好原始记录，积累资料，不断总结经验，提高软土地基处置施工技术水平。采用新技术、新工艺、新机具、新材料、新测试方法时，必须制定不低于现行交通行业工程标准《公路路基施工技术规范》（JTG/T 3610—2019）水平的质量标准和工艺要求。

⑦在软土地基处置施工过程中，必须严格执行有关安全、劳保和环境保护等规定。

四、软土地基处理方案设计

（一）软土地基处理方案的选择

1.软土地基处理方案选择的必要性

软土地基的处理效果如何，关系到能否在计划营运期内保持道路路况良好、保证行车速度和安全运行，是确保道路工程施工质量和使用寿命的关键问题之一。自改革开放以来，我国在软土地基上修建的高等级公路数量越来越多，已积累了非常丰富的处理经验，对软土地基处理的设计、施工、设备、材料、检测等手段已逐渐趋于成熟，但是，由于软土地基的性状千差万别、地质勘探资料具有局限性及设计参数误差等因素的影响，处理后的效果与设计预定目标往往产生较大差异。

在软土地基的设计和处理方案比较中，如何确保地质资料及设计参数真实准确，因地制宜、科学合理、恰到好处地选择处理方案，体现经济、可靠、高效的指导原则，是软土地基处理的重点和关键。工程实践证明，加强道路软土地基处理方案选择的系统化研究，进一步对已有的实例研究资料进行系统化的分析研究，对软土的工程评价及处理方案的选择等都具有重要的理论和实践意义。

2.软土地基处理方案选择应考虑的因素

在确定具体的软土地基处理方法时，可以根据工程实际情况对几种软土地基处理方法进行技术、经济、工期、效果等方面的比较，从中选择最佳处理方案。在遇到软土地基时，并不是所有的软土地基都必须进行处理，首先要考虑不处理的可能性；如不处理不能满足需要，则考虑选择浅层处理；如浅层处理不可以，再考虑深层处理。

在进行方案分析和选择时，不能仅仅只考虑荷载和变形因素，而是要综合考虑施工期的地表状况、结构物密度、填土高度、施工进度、施工季节、气候条件、施工环境、设备情况、材料供应等因素，要使所选择的处理方案技术上可靠、经济上合理、条件上允许、时间上满足，同时还应考虑环境保护、节约能源、生态平衡等因素。在选择处理方案时也可采用两种或两种以上的组合方案。

3. 软土地基处理方案选择应收集的资料

为确定技术上可靠、经济上合理、条件上允许、时间上满足的软土地基处理方案，在确定具体的处理方法之前，必须收集有关的资料，主要包括详细的工程地质勘察资料，本地区其他工程或其他地区同类工程软土地基的处理经验，材料、机械设备的来源情况，结构设计、施工进度和气候条件等方面的资料。其中最重要的是工程地质勘察资料，这是选择和确定软土地基具体处理方案的重要依据。

4. 软土地基处理方案确定的具体步骤

软土地基处理方案的确定可按下列步骤进行：

①收集详细的工程地质、水文地质及地基基础的设计资料，如地形及地质成因、地基成层状况，软土层厚度、不均匀性和分布范围，持力层位置及状况，地下水情况及地基土的物理力学性质，等等。

②根据地基处理的预定目的（如解决路堤变形或稳定性问题）、使用要求（如工后沉降量及差异沉降量）、结构类型和荷载大小等，并结合地形地貌、地层结构、土质条件、地下水特征、周围环境和相邻建筑物等因素，初步选定几种可供参考的地基处理方案，以供方案比较和进一步选择。

③对初步选定的几种地基处理方案，分别从处理效果、材料来源、机具条件、施工进度、投资多少和环境影响等方面，进行认真的技术、经济比较，并根据安全可靠、施工方便、经济合理、有利环保的原则，从中选择最佳处理方案。

④对基本确定的地基处理方案，根据道路等级和施工现场复杂程度，可在有代表性的场地上进行相应的现场试验，通过试验检验设计参数和处理效果。若达不到设计要求，则应查明具体原因，采取相应措施或修改设计。试验工程的修筑也可为大规模正式施工积累经验和提供设计依据。

（二）认真进行地质勘察工作

在进行软土地基处理方案设计时，首先要搞清地基工程地质和水文地质条件。众多工程实践证明：不少工程事故的发生，多数是因对天然地基条件了解不清楚或不全面而造成的。因此一定要十分重视工程勘察工作，应根据地基工程地质和水文地质条件，决定地基是否需要处理、如何进行处理。由于软土地基的地质情况千变万化，在软土地基的施工过程中，还要特别重视施工期的补充勘察工作，对补勘与详勘时的工程水文地质条件变化，应在施工方案中及时予以调整。

详细准确的工程地质勘察资料，既是判断天然地基能否满足建筑物对地基要求的重要依据，也是确定合理的地基处理方法的重要依据之一。有些公路工程项目，为了赶进度、节省费用，对线路地质勘察工作不够重视，所获得的地质资料不详细、不精确、不正确，使选择的地基处理方案过于保守或不符合实际，从而造成投资过大而浪费。尤其对于一些中小型构造物的地基，更是缺乏足够的地质勘察资料。

为确保软土地基处理方案设计的正确性，在进行工程地质勘察时，应从工程的实际出发，对地质勘察方案的选择、钻探点点位的布设、勘探深度及土样试验内容等进行全面考虑，使其更具代表性、适用性，并且还应尽可能提供小型结构物的地基土工试验报告，对局部不良地段（如沟、槽、老河道、池塘、沼泽、熔岩等）应补充钻探点，对大面积不良地段除采用常规的试验检测以外，还应补充原位荷载试验等内容。

软土地基工程地质勘察工作，按设计阶段可划分为初步勘察与详细勘察两个阶段。初步勘察阶段的勘察方法主要有工程地质调查与测绘、工程地质勘探、原位及室内试验等。详细勘察阶段的勘察方法主要以钻探、原位测试和室内试验为主。

钻探是用钻机在地层中钻孔，并沿孔深取样，以鉴别和划分地表下土层，获得深部地质资料的一种勘察方法，它是工程地质勘察的主要手段之一。原位测试是勘察的辅助手段，原位测试资料可用于对钻孔资料的补充，判断和分析层位及界限的变化；对于局部的重点地段，原位测试资料可以补充原状土样间断部位的资料空白。室内试验一般包括土的物质性质指标测试、力学性质指标测试及化学分析。试验项目应根据工程性质、基础类型、设计要求和土质特性等因素综合确定，以满足设计和施工的需要。原位测试资料和钻探、室内试验资料可以相互印证，从而提高地质勘察资料的精确度。

（三）搞好试验路堤修建工作

1. 试验路堤修建工作的重要性

在正式进行软土地基处理之前，修筑试验路堤是极其重要的一项工作，既是设计问题也是施工问题，通过试验路堤的修筑，可以从技术与经济角度寻求软土地基处理的最佳方法和对策。特别是由于新技术、新工艺、新机具和新测试方法不断涌现，当开发、引进新的软土地基处置方法或进行软土地基处置方法比较时，应在正式施工前进行现场试验，铺筑一定长度的试验路堤，以验证处置方法的可行性和可靠性，并验算设计参数、工艺参数作为正式施工时的控制指标，掌握必要的施工工艺。因此，尽管试验路堤需要一定的投资、精力和时间，但搞好软土地基的处理有时起着决定性作用。

试验路堤或实体工程的监测工作，通常主要包括变形监测、应力监测和其他监测（如地下水位等）。

2. 试验路堤监测工作的目的

试验路堤监测工作是路堤工程施工中不可或缺的重要内容，根据工程经验可知试验路堤监测工作的目的如下：

①以试验路堤监测的结果指导软土地基的现场施工，确定和优化施工中的技术参数，以便实现信息化施工。

②根据试验路堤监测的结果，及时发现施工中危险的先兆，分析产生的原因，判断工程的安全性，以便采取必要的措施，防止发生工程破坏事故和环境事故。

③通过试验路堤的监测得出一系列数据，评价工程的技术状况，检验设计参数和设计理论的正确性。

④通过试验路堤的监测得出一系列数据并对其进行分析和判断，为设计、施工、管理和科学研究提供第一手资料。

3. 路堤设计与施工所需参数

软土地基路堤设计与施工所需要的重要参数包括地表和土体的竖向位移、土的侧向位移和孔隙水压力等。

（1）地表和土体的竖向位移

地表的竖向位移可采用沉降板观测，对于成层软土应采用分层沉降标进行土体竖向变形观测。观测的主要目的是，控制施工进度、预估工后沉降量和计算因沉降而增加的土方量。

（2）土的侧向位移

地表的侧向位移可用设在坡脚的边桩进行观测，土体内部的侧向位移可采用测斜仪观测。土体侧向变形是控制路堤填筑速率的重要参数。

（3）孔隙水压力

孔隙水压力是指土壤或岩石中地下水的压力，该压力作用于微粒或孔隙之间。与土的侧向位移资料相比，实测孔隙水压力会更好地提供关于土体破坏情况的最早迹象。对于估计固结过程和确定路堤施工速率，测定孔隙水压力也是一种基本手段。

（四）地基处理中的工程监测

1. 地基处理工程监测的重要性

在软土地基方案设计中，虽然采用了合理的地基处理方案，但往往会因为施工管理不善，而造成地基处理失败或未达到预期处理效果。因此，软土地基处置施工必须确保施工质量，加强施工组织和管理，严格按照有关操作规程实施。软土地基路堤在施工过程中，应注意观测填筑过程中和竣工后的固结、强度和位移的变化，这不仅是评价软土地基处理效果的依据，同时也可以及时防止因设计和施工不完善而引起的意外工程事故。

在工程监测过程中，监测点要设在观测数据容易反馈的部位，无论是横向还是纵向所布置的测点数量不宜过少，一般沿纵向每隔100～200m设置一个观测断面，在桥头路段应设计2～3个观测断面。对沿河、临河等凌空面较大且稳定性较差的路段，必要时要进行地基土体内部水平位移的观测。在施工期间，应每填筑一层土进行一次观测，如果两次填筑时间间隔较长，应每3天至少观测1次，堆载预压期间应根据地基实际情况而定，一般半个月或每月进行一次观测。

2. 地基处理中工程监测的内容

软土地基的工程监测，主要包括变形监测、应力监测、测斜监测和地下水位监测等内容。

（1）变形监测

变形监测就是利用专用的仪器和方法对变形体的变形现象进行持续观测、对变形体变形形态进行分析和对变形体变形的发展态势进行预测等的各项工作。对软土地基的变形监测，主要包括对地表位移和土体内部位移的监测，位移方向包括竖向和水平，水平位移又包括垂直路堤中心线的横向水平位移和平行路堤中心线的纵向水平位移。

地表竖向位移观测一般采用沉降板观测方式。沉降板由钢底板或钢筋混凝土板、金属测杆和保护套管组成。沉降板宜埋设在路堤左右路肩和中心线下的原地面上。

地表水平位移一般采用埋设边桩进行观测，边桩埋设在路堤的坡脚处，埋设深度在地表 1.2m 以下，桩顶预埋不易磨损的测头，桩周上部 50cm 用混凝土浇筑固定，确保边桩埋置稳固。

土体内部竖向位移的观测是通过在土体内埋设沉降标来进行的，沉降标分为分层标和深层标两种。分层标可以在同一根测标上，分别观测土体沿深度方向各层次及某一层次土体的压缩情况，分层的深度可贯穿整个软土层，各分层测点布设间距一般为 1.0m；深层标是测定某一层以下土体压缩量的，其埋设位置可根据实际需要确定。深层标通常采用水准仪测量标杆顶端高程的方法进行，分层标主要采用电磁式沉降仪进行。电磁式沉降仪的工作原理是在土体中埋设一根竖管，隔一定距离设置一个磁环，当土体发生沉降时与土体同步沉降，利用电磁测头测出发生沉降后磁环的位置，将其与磁环起初位置进行比较，进而计算出测点的沉降量。

土体分层水平位移观测一般采用测斜仪进行，将测斜仪预埋在岩土体的钻孔内，与岩土体结合为一体，所测得的测斜仪的位移就是岩土体的水平位移。

在路堤填筑施工中，应随时注意路堤的稳定情况，当出现异常情况而可能失稳时应立即停止加载并采取果断措施，待路堤恢复稳定后方可继续填筑。

（2）应力监测

在路堤填筑施工中，应以应力监测的手段随时注意路堤的稳定情况，当出现异常情况而可能失稳时，应立即停止加载并采取果断措施，待路堤恢复稳定后方可继续填筑。软土地基的应力监测，主要包括孔隙水压力监测和土压力监测。

①孔隙水压力监测。孔隙水压力监测主要采用孔隙水压力计进行，孔隙水压力计有气压式、水压式和电感式等。孔隙水压力监测的平面布点集中于路中心，一般每种土层均设有测点，当土层较厚时，一般每隔 3～5m 设一个测点，埋设后待钻孔完全填实和超孔隙水压力消散时才可测孔隙水压力计的初读数，一般需要 3～4d 的稳定时间。测初始读数时需连续观测数日，直至读数稳定为止。

在现场进行孔隙水压力观测时，可根据测点孔隙水压力 - 时间变化曲线，反算土的固结系数，推算该点不同时间的固结度，从而推算强度增长情况，并确定下一级施工施加荷载的大小，因而可用来控制加荷的速率。

②土压力监测。主要是通过将土压力计埋设在填土中，通过土压力的读数来完成土压力的测定工作。按传感器的类型不同，可将土压力计分为钢弦式、电阻应变片式、差动电阻式、气压式、水压式等类型。通过埋设土压力计的方法，可以测定土的总应力（总土压力）、垂直土压力、水平土压力和大、小主应力等。

在进行土压力计埋设时，应特别注意减小埋设效应的影响，做好仪器基床面的制备、感应膜的保护和连接电缆的保护，确保其与终端的连接。土压力计周围的土方回填，必须采用薄层铺料、专门压实的方法，确保仪器的安全，并应尽量使仪器周围材料的级配、含水量、密度等同邻近的填方接近。各土压力之间的距离不应超过 2.0m，其水平面以外土压力计的定位、定向应借助模板或成型体进行，确保土压力计电缆的编号、埋设、保护等符合要求。

（3）测斜监测

测斜管宜选在变形大或危险的位置埋设，一般在基坑的中部。测斜管埋设的方法有以下三种：

①钻孔埋设。钻孔埋设主要用于围护桩、连续墙已经完成的情况和土层钻孔测斜。钻孔孔径应略大于测斜管外径，孔深要求穿出结构体 3～8m，应根据地质条件确定钻孔深度。测斜管与钻孔之间的空隙应回填细沙或水泥与膨润土拌合的灰浆。埋设就位的测斜管必须保证有一对凹槽与基坑边沿垂直。

②绑扎埋设。绑扎埋设即通过直接绑扎或设置抱箍将测斜管固定在钢筋笼上，绑扎间距不宜大于 1.5m。测斜管与钢筋笼的绑扎必须牢靠，以防浇筑混凝土时测斜管脱落，同时必须注意测斜管的纵向扭转，以防止测斜仪探头被导槽卡住。

③预制埋设。预制埋设主要用于打入式预制桩的测试。在预制排桩时将测斜管置入桩体钢筋笼内，应进行局部保护以防止沉桩时捶击对测斜管的破坏。

测斜方法有以下两种：

①测斜观测分为正测与反测，观测时先进行正测，然后进行反测。一般每 0.5m 读数一次，测斜探头放入测斜管底部应等候 5min，待探头适应管内水温后读数，应注意仪器探头和电缆线的密封性，以防止进水。

②测斜观测时每 0.5m 标记读数点一定要卡在相同的位置，电压值稳定后才能读数，以确保读数的准确性。

（4）地下水位监测

基坑工程地下水位监测包含坑内、坑外水位监测：通过坑内水位监测可以检验降水方案的实际效果，如降水速率和降水深度；通过坑外水位监测可以了解坑内降水对周围地下水位的影响范围和影响程度，防止基坑工程施工中坑外水土流失。坑外水位监测为基坑监测必测项目。

水位管选用直径 50mm 左右的钢管或硬质塑料管，管底加盖密封，防止泥沙进入管中。下部留出 0.5～1m 的沉淀段（不打孔），用来沉积滤水段带入的少量泥沙。中部管壁周围钻出 6～8 列直径为 6mm 左右的滤水孔，纵向孔距为 50～100mm。相邻两列的孔交错排列，呈梅花状布置。管壁外部包扎过滤层，过滤层可选用土工织物或网纱。上部管口段不打孔，以保证封孔质量。

水位监测注意事项：

①水位管的管口要高出地表并做好防护墩台，加盖保护，以防雨水、地表水和杂物进入管内。水位管处应有醒目标志，避免施工损坏。

②水位管埋设后每隔 1 天测试一次水位面，观测水位面是否稳定。当连续几天测试数据稳定后，可进行初始水位高程的测量。

③在监测了一段时间后，应对水位孔逐个进行抽水或灌水试验，看其恢复至原来水位所需的时间，以判断其工作的可靠性。

④坑内水位管要注意做好保护措施，防止施工破坏。

⑤承压水位管直径可为 50～70 mm，滤管段不宜小于 1m，滤管段与钻孔孔壁间应灌砂填实，被测含水层与其他含水层间应采取有效隔水措施，含水层以上部位应用膨润土球或注浆封孔，水位管管口应加盖保护。

⑥管口水准测量要与绝对高程统一。

（五）地基处理中的施工控制

1. 施工控制的方法

在软土地基上修建路堤时，所采用的设计方法不一定完全合适，这主要由地质材料和土的物理力学指标存在误差所致，因此在施工期要进行现场观测与控制，以便发现异常情况，从而及时采取措施，保证工程的安全。但是，对于施工过程中的控制，至今没有一种比较成熟的方法。在具体应用中，施工控制方法主要包括以下 3 种类型：

①经验值控制施工，如控制边桩位移速率、控制地面沉降速率、控制孔隙水压力消散程度等。

②制作控制图控制施工，如预测破坏的沉降与边桩位移率的相关控制图法、地基承载力的孔压系数控制图法等。

③设计计算校核法，如承载力计算校核法、稳定计算校核法、限制塑性开展区法等。

在以上3种施工控制方法中，以第1种方法较为常用，它采用某一种观测经验值作为判断工程安危的方法，比较直观而方便，但缺少科学的理论依据，有时可能对工程安危的判断偏于保守或不安全。

2. 施工控制的标准

在现行行业标准《公路软土地基路堤设计与施工技术细则》（JTG/T D31-02—2013）中，建议采用控制边桩位移速率和控制地面沉降速率的方法，其具体控制标准为：路堤中心线地面沉降速率每昼夜不大于10mm，坡脚水平位移速率每昼夜不大于5mm。观测结果应结合沉降和位移发展趋势进行综合分析。其填筑速率，应以水平控制为主，如超过此限值应立即停止填筑。但在实际工程中，各工程控制标准不同，发生破坏的位移也不同。

根据工程实践经验，加荷期间如果超过下述3项指标，地基有可能发生破坏：

①路堤中心点处，埋设地面沉降板的地面沉降量每天超过10mm。

②路堤坡趾侧向位移每天超过4mm。

③孔隙水压力（在地基的不同深度处埋设孔隙水压力计）超过预压荷载所产生应力的50%～60%。

（六）对地基监测成果的处理

在进行软土地基沉降观测时，观测的数据应及时记录在表内，随时记录、校核、汇总并整理分析，发现问题应及时复查或重测。在观测期间还应及时记录当地气象资料及地下水位的变化情况。对地基监测成果的处理主要应做好以下工作：

1. 绘制观测资料成果曲线

（1）竖向沉降观测曲线图

竖向沉降观测曲线图主要包括荷载－时间－沉降（地表沉降或土体分层沉降）过程线和路堤横向沉降盆图（不同观测时间相应的沉降曲线）。

（2）水平位移观测曲线图

水平位移观测曲线图主要包括地面横向位移观测曲线图（地面位移过程线、

荷载－时间－水平位移过程线）和土体内部水平位移观测曲线图（水平位移随深度变化曲线）。

（3）应力观测曲线图

应力观测曲线图主要包括孔隙水压力观测曲线图（荷载－沉降变化过程线、沉降－时间变化过程线）和土压力观测曲线图（荷载－时间－土压力变化过程线）。

（4）其他观测曲线图

其他观测曲线图主要包括搅拌桩承载力观测曲线图（荷载－沉降变化过程线、沉降－时间变化过程线）；单孔出水量观测曲线图（荷载－时间－出水量变化过程线）；地下水位井水观测曲线图（全年时间－地下水位变化线）。

2. 编写观测成果报告

在软土地基的整个处置过程中，从地质勘察开始至试验结束，各阶段均应及时提交观测成果报告。观测成果报告主要包括路基地质勘察报告、材料试验报告、试验工程施工计划书、施工质量管理情况报告、动态观测报告、各阶段试验工作的阶段报告、试验研究工作报告、总报告等。

以上所有报告对于软土地基处理均具有非常重要的作用。其中，总报告是一个核心内容，主要包括：①详细介绍试验研究工作的全过程情况；②针对软土地基处理所用的材料、方法、设计参数及取值、施工工艺等，提出有效、适用、经济的分析意见；③根据数据分析结果等，提出软土地基处理科研、设计与施工的结论性意见和建议。

五、垫层及浅层的处置

①对于垫层与浅层的处置，应当达到增加地表强度、防止地基局部剪切变形的目的。

②软土、泥沼地区采用换填地基时，其填筑、压实的施工及检验应遵照《公路路基施工技术规范》（JTG/T 3610—2019）中的规定执行。

③当采用抛石挤淤处置方法时，在施工中应符合下列要求：

a. 应当选用不易风化的石料挤淤，片石的颗粒大小依泥炭的稠度而定。对于容易流动的泥炭或淤泥，片石宜稍小一些，但不宜小于30cm，且小于30cm粒径含量不得超过20%。

b. 当软土地层比较平坦时，抛投应沿路的中线向前抛填，再渐渐向两侧逐步扩展。当软土地层横坡陡于1：10时，应自高的一侧向低的一侧抛投，并在低侧边部多抛投，使低侧边部约有2m宽的平台顶面。

④片石抛出软土地面后，应用较小的石块填塞垫平，并用重型机械碾压紧密，然后在其上面设置反滤层，再进行填土。

⑤在砂（砾）垫层施工时应当符合下列要求：

a.砂垫层材料宜采用洁净的中砂或粗砂，其含泥量不应大于5%，并应将其中的植物、杂质除尽，也可以采用天然级配的砂砾料，其最大粒径不应大于5cm，砾石的强度不低于四级（洛杉矶法磨耗率小于60%）。

b.砂（砾）垫层摊铺后，应适当洒水，分层压实，压实厚度宜为15～20cm。如果采用砂砾石，应无粗细粒料分离现象。

c.砂垫层宽度应宽出路基边脚0.5～1.0m，两侧端以片石护砌或采用其他方式进行防护，以免产生砂料流失。

六、反压护道的处置

反压护道指的是为防止软弱地基产生剪切、滑移，保证路基稳定，对积水路段和填土高度超过临界高度路段在路堤一侧或两侧填筑起反压作用的具有一定宽度和厚度的土体。

①反压护道所用的填料材质应符合设计要求，对于不符合要求的填料绝不能用于反压护道工程。

②反压护道的施工宜与路堤同时进行填筑；当需要分开进行填筑时，必须在路堤达到临界高度前将反压护道筑好。

③反压护道的压实度应达到现行行业标准《公路土工试验规程》（JTG 3430—2020）中重型击实试验法测定的最大干密度的90%，或满足设计提出的要求。

七、土工合成材料

土工合成材料是土木工程应用的合成材料的总称。它是一种以人工合成的聚合物（如塑料、化纤、合成橡胶等）为原料，制成各种类型的产品，置于土体内部、表面或各种土体之间，发挥加强或保护土体作用的土木工程材料。根据现行国家标准《土工合成材料应用技术规范》（GB/T 50290—2014）的规定，土工合成材料可分为土工织物、土工膜、土工特种材料、土工复合材料、土工网、玻璃纤维网、土工垫等类型。

土工合成材料的选用应遵循以下原则：

①选用的土工合成材料应具有质量轻、整体连续性好、抗拉强度高、耐腐

蚀性和抗微生物侵蚀性好、施工方便等优点；非织型的土工纤维应具备当量孔隙直径小、渗透性好、质地柔软、能与土很好结合的性质。

②应根据出厂单位提供的幅宽、质量、厚度抗拉强度、顶破强度和渗透系数等测试数据，选用能够满足设计要求的土工合成材料。

③土工合成材料的施工应当符合以下规定：

①土工合成材料应在平整好的下承层上按路堤底宽全断面铺设，摊铺时应将土工合成材料拉直平顺，紧贴下承层，不得使其出现扭曲、折皱、重叠。在斜坡上摊铺时，应保持一定的松紧度（可用 U 形钉进行控制）。

②铺设土工聚合物材料时，应在路堤每边各留足够的锚固长度，回折覆盖在压实的填料面上，平整顺适，外侧用土进行覆盖，以免造成人为破坏。

③应保证土工合成材料的整体性，当采用搭接法进行连接时，搭接长度宜为 30 ～ 90cm；当采用缝接法进行连接时，缝接宽度应不小于 5cm；当采用黏结法进行连接时，黏结宽度应不小于 5cm，黏合强度应不低于土工合成材料的抗拉强度。

④现场施工时如果发现土工合成材料有破损必须立即修补好。

⑤土工合成材料在存放以及施工铺设过程中，应尽量避免长时间的暴晒或暴露，以免土工合成材料的性能劣化。

⑥双层土工合成材料上、下层的接缝应相互交替错开，错开长度不应小于 0.5m。

八、袋装砂井的施工

袋装砂井是指用透水型土工织物长袋装砂砾石，设置在软土地基中形成排水砂柱，以加速软土排水固结的地基处理方法。

1. 袋装砂井的材料

袋装砂井的材料包括以下两种：

（1）袋

袋应当由聚丙烯或其他适用的编织料制成，其耐水性、韧性等应符合设计要求，其抗拉强度应能保证承受砂袋的自重，装砂后砂袋的渗透系数应不小于砂的渗透系数。

（2）砂

砂应采用渗水率较高的中砂、粗砂，大于 0.5mm 的砂的含量宜占总量的 50% 以上，含泥量应不大于 3%，细度模数应大于 2.7，有机质含量应不大于 1%，

渗透系数应不小于 5×10^{-3}cm/s，灌砂率应不小于 95%。

2. 施工机械

袋装砂井施工所用的主要机具为导管式振动打桩机，在行进方式上普遍采用轨道门架式、履带臂架式、吊机导架式等。在实际工程中，常选用轻型柴油打桩机，该打桩机构造简单，拆装方便，移位灵活，可靠性高，打设深度单节可达 8m，接长套管可达 24m，完全可以满足袋装砂井施工的要求。

3. 施工工艺流程

袋装砂井的施工工艺流程，应按以下程序进行：整平原地面→摊铺下层砂垫层→机具定位→打入套管→沉入砂袋→拔出套管→机具移位→埋砂袋头→摊铺上层砂垫层。

第四节 路基工程机械化施工技术

一、平地机施工

（一）平地机的适用范围

平地机是一种以铲刀、刮刀为主，配备其他多种可换作业装置，进行刮平和整形连续作业的工程施工机械。平地机动作灵活准确，操纵方便，平整场地有较高的精度，适用于构筑路基和路面、修筑边坡、开挖边沟，也可搅拌路面混合料、扫除积雪、推送散粒物料以及进行土路和碎石路的养护工作。平地机能同时完成铲土、运土和卸土几个施工过程，它是土方工程中进行修刷和平整路基、路面及场地作业的主要机械。

平地机的用途比较广泛，主要包括：进行路基基底的处理，完成草皮或表层剥离；从路线两侧取土，填筑不高于 1m 的路堤；整修路基的表面和路拱及修刷边坡；可以开挖路槽和边沟；可以在路基上拌和、摊铺路面基层材料；可以用于整修和养护土路，清除路面积雪；可以开挖 0.5 ～ 0.6m 深的路堑以及半填半挖路基；在机场和现代交通设施建设中的大面积场地平整工作中，更是其他施工机械所不可代替的。

平地机具有作业范围广、操纵比较灵活、控制精度高等特点，在作业过程中空行程时间只占 15% 左右，因此其有效作业时间明显高于装载机和推土机，是一种高效土方施工作业机械。

目前，在道路工程上常用的平地机一般为液压操纵的自行式平地机。平地机的分类：根据车轮数，可分为四轮和六轮两种；根据轮子驱动情况，可分为前轮从动和全轮驱动两种；根据转向情况，则可分为前轮转向和全轮转向两种。一般来说，驱动轮越多，平地机的转弯半径越小，性能也越优越。平地机与其他土方铲运机械相比，其切削能力较差，不能完成繁重的铲掘作业，遇到较为坚硬的土壤，需要进行预松土，方可进行各种作业。

（二）平地机的基本作业

平地机的主要工作装置是一把刮刀，它可以通过调整四种作业运作，即刮刀平面回转、刮刀左右端升降、刮刀左右引伸和刮刀外侧倾斜，来完成刮刀各种不同的土方工程作业。这些作业方式基本有4种，即刀角铲土侧移、刮土侧移、刮土直移和机外刮土。

1. 刀角铲土侧移

刀角铲土侧移作业方法适用于开挖边沟，特别是开挖 V 形边沟，并可以利用开挖出来的土修整路基断面或填筑低路堤。在进行铲土前，先根据土壤的性质调整好刮刀的工作角度，平地机以 I 档速度前进，将刮刀的前端下降、后端升起，形成较大的倾斜角进行切土。被铲起的土沿刀身侧移于左右两轮之间，这样可开挖出比较平顺的边沟。

为了便于掌握平地机的方向，刮刀的前置端应正对前轮之后。如果遇到特殊情况，也可将刮刀前端置于机身之外，但必须保证此时刮出之土卸于前轮的内侧，以避免土垄处于驱动后轮的轨迹上，增加平地机行驶的阻力，从而影响平地机的牵引力。

2. 刮土侧移

刮土侧移作业方法适用于侧向移土修筑低路堤、平整场地、回填沟渠、拌和摊铺路面材料等作业。在正式作业前，应根据施工对象的要求和土壤性质，调整好平地机刮刀的平面角和铲角，然后以 II 档速度前进，将刮刀水平下放，使其切入土中或其他材料中，此时被刮起的土料即沿刀身平面侧移，将土料卸于一侧，形成土埂。当平地机用来回填沟渠等作业时，必须采用机外侧卸土的方式作业。当平地机用来修筑低路堤、修整路拱等作业时，必须采用外侧卸土方式作业。

应当注意的是，不论是内侧卸土还是外侧卸土，卸出的土都不允许位于平地机后轮要驶过的轮迹上，否则，既影响平地机的牵引力，又会因后轮的抬升而造成作业面高低不平、平整度差。为此，可根据具体施工对象，将刮刀侧伸后，再将牵引架转盘侧移，使平地机在机身斜置的情况下进行作业。

使用全轮转向的平地机在弯道上作业是非常有利的，由于前后轮可根据弯道的情况配合转向，所以该种平地机的使用方便、功效较高。

另一种平地机的刮刀可做全回转，当将刮刀前的齿耙卸下后，刮刀可回转180°，使平地机后退时照样能作业。这种方法特别适合于狭长工地采用"穿梭"或往复作业。

3. 刮土直移

刮土直移作业方法适用于修整不平度较小的场地，在路基施工中可用于路拱的最后精平和材料的整平。作业前先调整好工作角度，一般铲土角为60°～70°，平面角为90°，平地机的行进速度一般为Ⅱ档。在平地机行驶后，将刮刀放下（此时倾斜角 β 很小或为零），使之少量切入土中，被刮刀刮起的土随刀向前推送，少量的土溢于刮刀两侧。溢出的土可在最后阶段，将刮刀切入标准标高后，以快速前进的方法，将其全部推平。

4. 机外刮土

机外刮土作业主要用于修刷路堤、路堑边坡和开挖边沟等。在作业前，先将刮刀倾斜于机外，并使刮刀的上端向前、下端朝后，机械以Ⅰ档速度前进，然后放下刮刀切入土中，使刮下的土顺刀面卸于左右两轮之间。通常在刷边沟时，刮刀的平面角应小些；在刷路基、路堑边坡时，平面角应大些。

（三）平地机的施工方法

平地机可以单机开展施工作业，也可以多机联合进行作业完成各种不同的施工任务。平地机的施工方法主要有修整路形、修刷边坡、开挖路槽和路拌混合料等。

1. 修整路形

平地机修整路形就是按照路堤或路堑的横断面图的要求开挖边沟，并将土移送至路基上，修整成路拱。平地机修整路形时的施工顺序可分为铲挖、侧向移土和整形3个步骤。

首先，平地机采用铲土侧移的作业方式，从路基的一侧开始铲挖边沟的土，到达路段终点后调头从另一侧回头，继续铲挖边沟的土。然后，用刮土侧移的作业方式，将挖出的土侧移到路基上。由于挖出的土比较松散，平地机的铲土角和平面角应选用较大者。最后，用刮土直移的作业方式，将土堆按设计横断面的要求修整好。

铲土与送土的次数，应根据路基宽度、边沟的大小、土壤的性质及平地机的技术性能而定。正确的设计为，从一侧边沟挖出的土量应以够填同一侧路拱所需的土量为准，最后只需要平整两三次即可达到设计要求。由于从边沟铲挖侧移到路基上的是松土，平地机来回行驶出现被预压后的轮迹，这样平地机在做第二层刮、送土时，就很难掌握正确的标准。为此，必须在第一层土料全部排铺后，用平地机在松土上往返行走预压一遍，再铺填第二层土。当采用全轮转向的平地机时，在刮、送第一层土时，应将前后轮都转向，使机身侧置，这样前后轮刚好错开位置。此时平地机经过一次刮、送土，就可将前一行程的松土全部碾压一遍，这将有利于第二层的刮平和掌握路拱的标准。

2. 修刷边坡

平地机修刷路堤或路堑的边坡时，一般采用机外刮土作业方式。当路堤高度小于1.8m，边坡坡度在（1∶1.5）～（1∶0.5）范围时，可用一台平地机单独作业。当路堤高度在4m左右时，则用上下两台平地机联合作业。此时，堤上的平地机先行约10m，堤下的平地机再开始工作。堤上的平地机应按断面要求的边坡坡度刷坡，堤下的平地机可按堤上平地机刮出的边坡坡度刷坡，使两台平地机的作业面能够很好地吻合。

3. 开挖路槽

路基完成以后，接着就是铺筑路面的基层，这是关系路基与路面结合的关键部位，必须认真对待路槽的开挖，加强质量管理。为此，路槽的开挖，根据不同的设计方案有3种形式：

①把车道下路基的土铲挖掉，从而形成路槽，挖出的土弃掉。

②将路基两侧部分土加高成路肩，中间形成路槽。

③将路槽开挖到设计深度的1/2，挖出的土填在两侧修成路肩，中间形成路槽。

以上路槽的3种形式，以第3种方法施工成本最低，但此法要求计算准确，路堤填筑高度要严格控制好，并使挖填后路槽的标高、深度和路肩的标高符合设计要求。

4. 路拌混合料

路基顶上的路面基层，对于强度和稳定性的要求比较高，一般采用无机结合料稳定土、改良土等材料。当水泥、石灰等稳定剂掺入土中时，必须拌和均匀才能用来修筑基层。对于高等级公路，规范规定应当用集中厂拌法或专用路拌机械进行拌和施工。对于一般公路，也可以用平地机进行拌和。平地机用作路拌机械时，有3种施工作业方法。

（1）土和掺合料（石灰、水泥或粉煤灰等）分层摊铺在路基上拌和

这种作业方法的施工顺序是：首先用平地机齿耙耙松土壤后用刮刀刮平，再将其上摊铺的掺合料刮平，然后开始拌和。第一次拌和用刀角铲土侧移法将土的掺合料分别沿两侧向外刮，刮送时刮刀一定要刮到硬土层，以免出现漏拌。通常至少需要两个行程，先靠近路床边向路肩刮送土，最后沿路中线向外侧刮送土。

第二次拌和是将第一次的各列土堆依次向路中心刮列，以后各次拌和依此类推，直到拌和均匀为止，最后将拌和料刮平并修成要求的路拱。

（2）掺合料堆放在路基中线上进行拌和

这种作业方法是先将路基路槽中的土翻松，然后将掺合料堆放在已翻松的土上开始拌和。第一次拌和用刀角铲土侧移法将土和掺合料一起向两边刮送，形成两列土堆。第二次拌和将两侧的两列土堆向中心刮回形成一列土堆。如此向内向外刮拌，直至拌和均匀，最后用平地机刮平，修成一定的路拱。

（3）掺合料堆放在两侧路肩上拌和

这种作业方法是先将一侧路肩上的掺合料刮至路槽内摊平，再将另一侧路肩上的掺合料刮入，摊铺在第一层掺合料上（当两侧路肩上堆放的掺合料粒径不同时，应将粒径小的摊铺在上面）。然后，按第一种拌和方法进行拌和和摊铺。

为了提高平地机在施工作业中的效率，正确掌握平地机的作业姿势也非常重要。平地机有直线式、曲线式和偏置式3种作业姿势，可分别用于不同的场合。

①直线式。直线式是平地机在路基施工中最基本的一种作业姿势。平地机在进行高速行驶、高速修整作业和一般施工作业条件下作业时，均可采用直线式作业姿势。

②曲线式。曲线式是前轮转向和后轮转向同时进行的作业姿势，它可以使转向半径大大缩小，从而提高了平地机的使用性能。

③偏置式。偏置式是平地机机架处于曲折状态，而前轮和中、后轮仍在同一方向的作业姿势，这种作业姿势的应用十分广泛。

二、挖掘机施工

挖掘机又称挖掘机械，是用铲斗挖掘高于或低于承机面的物料，并装入运输车辆或卸至堆料场的土方机械。在公路路基工程施工中，挖掘机是挖掘和装

载土石方的一种重要施工机械。挖掘机按行走方式不同，可分为履带式和轮胎式两种；按传动方式不同，可分为机械传动和液压传动两种；按挖掘机的斗数不同，可分为单斗式挖掘机和多斗式挖掘机两种。

（一）挖掘机的施工适用范围

挖掘机不同的工作装置，其适用范围是不同的。在土方作业施工中，挖掘机是主要的施工机械，通常处于主导地位，所以应使挖掘机充分发挥它的效能。在选用挖掘机时，应考虑其最经济的工程量和最低工作面高度。

1. 正铲挖掘机

正铲挖掘机适用于开挖Ⅰ～Ⅳ级土和爆破后的岩石，以及冻结厚度小于25cm的冻土。机械传动的正铲挖掘机只能挖掘停机坪上方的土，液压传动的正铲挖掘机可开挖停机坪以下的土方。

在采用正铲挖掘机施工时，其作业面高度不能过高，以免出现塌方而造成事故。最大作业面高度一般不得超过作业面最小高度的2倍。岩石炸碎后的尺寸不宜超过斗内部最小尺寸的1/2，且采用的铲斗容量应大于0.5m³。

对于含有大量地下水的湿路堑，不宜采用正铲挖掘机开挖。挖掘湿的黏性土时，必须修好排水沟，挖掘机在黏性土上直接移动时需要在路上铺垫板块。

在路基工程施工中，正铲挖掘机可以用于开挖路堑、取土坑取土、开挖基坑及采料场采料等土石方作业。由于正铲挖掘机不便于转移，一般多用于较大型的路基工程。

2. 反铲挖掘机

按照操纵系统不同，反铲挖掘机可分为机械操纵式反铲挖掘机和液压操纵式反铲挖掘机。液压操纵式反铲挖掘机由于操作灵活，铲斗与动臂既可单独工作，又可配合工作，在工程中应用比较广泛。反铲挖掘机适用于挖掘停机坪以下的Ⅰ～Ⅲ级土壤和爆破后岩石的挖掘装载，但不适用于开挖冻土。其最大开挖深度可达8m，经济合理的挖土深度为1.5～3.0m，对地下水位较高的软土路基也适用。

3. 拉铲挖掘机

拉铲挖掘机的吊杆较长，工作半径较大，在工作时可利用惯性力将铲斗甩出去，因此可将挖掘的土直接卸在路堤或弃土堆上，但不宜用作装土的工具。拉铲挖掘机在作业时，只依靠自身的重量切入土中，因此只适用于开挖Ⅰ～Ⅱ

级土壤。拉铲挖掘机最适宜开挖水下土方和含水量大的土方，但不能用于挖掘冻土及挖装岩石。

拉铲挖掘机适用于开挖大型基坑、沟槽，挖土半径和深度均比反铲挖掘机大，但精度比较差。拉铲挖掘机大多是将土直接卸到弃土场上，如果土方运输距离较远可配备自卸汽车运输。

4. 抓铲挖掘机

抓铲挖掘机能在回转半径范围内开挖基坑上任何位置的土方，并可在任何高度上卸土（装车或弃土），但只能垂直向下作业，其挖掘范围局限于最小、最大挖掘半径之内，所以适用于挖掘狭窄而较深的基坑、深槽、沉井等，最适用于水下挖土。由于抓铲挖掘机是靠铲斗下落的冲击力来切土的，因此主要用于挖掘土质比较松软（Ⅰ～Ⅱ级）的土壤。

（二）挖掘机的基本作业

1. 正铲挖掘机的基本作业方法

正铲挖掘机的基本作业方法，可分为侧向开挖法和正向开挖法两种，其切土方式为前进向上、强制切土。

（1）侧向开挖法

侧向开挖法就是运土车辆的运行路线位于挖掘机开挖路线的侧面，运土车在挖掘机侧面待机装土。这种作业方法的优点：卸土时动臂回转角度小于90°，运土车辆可以直线进出，避免了调头或倒车，缩短了工作循环时间，生产效率较高，但挖掘面积较小，施工中需要经常移动挖掘机。

（2）正向开挖法

正向开挖法就是运土车辆的运行路线位于挖掘机开行路线的正后面，运土车在挖掘机后面待机装土。这种作业方法的主要特点：挖掘机前方挖土，回转至后方卸土，动臂回转角度为90°～180°，增加了工作循环时间。另外，运土车辆不能直接进入开挖道，需要调头或倒车，导致施工现场拥挤，生产效率较低。但其开挖面较宽，挖掘机移位次数少。此作业方法只限于挖掘进口处时使用。

2. 反铲挖掘机的基本作业方法

反铲挖掘机的基本作业方法，可分为沟端开挖法和沟侧开挖法两种，其切土方式一般是后退向下、强制切土。

（1）沟端开挖法

沟端开挖法就是挖掘机从沟端的一端开始，然后沿沟槽的中线逐渐倒退挖土，运土车辆停在沟槽的侧边，动臂只要回转40°～45°即可卸土料。当所挖沟槽宽度为挖掘机的2倍最大挖掘半径时，运土车辆只能停在挖掘机的两侧，此时挖掘机的动臂需回转90°才能卸土。

如果沟槽较宽，一次开挖不能达到要求时，可分块进行开挖。当第一块挖到尽头后，挖掘机在该尽头调转180°，继续后退开挖相邻的一块。这种分块法每块的挖掘宽度不宜过大，以车辆能在沟侧行驶为原则，目的是减少每一工作循环所需的时间，提高作业效率。

（2）沟侧开挖法

沟侧开挖法就是将挖掘机停在沟槽的侧边进行挖土。这种作业方法在卸土时，动臂回转角度小于90°。每次开挖宽度只能在其挖掘半径范围内。由于挖掘机一直沿沟侧行驶，因此在开挖后沟的侧边坡度较缓，不像沟端开挖那样使沟的侧边较陡。

3. 拉铲挖掘机的作业

拉铲挖掘机的开挖方法与反铲挖掘机的开挖方法基本相同，只是其挖掘半径较大，深度更深些。另外，拉铲挖掘机可卸土于弃土堆的一边或两边。

（1）沟侧开挖法

沟侧开挖法就是将拉铲停在沟槽的一侧进行挖土，挖宽等于其挖掘半径（当采用甩斗法时，挖掘半径稍大些）。此外，在弃土场开挖时，可将土甩到较远的地方。沟侧开挖法主要用于取土填筑路堤和开挖基坑等。

（2）沟端开挖法

沟端开挖法法是拉铲停在沟槽的一端，后退进行挖土，其开挖宽度可达挖掘半径的2倍。这种开挖方法能挖掘出比较陡峭的边坡，同时又可以两侧卸土。

由于抓铲挖掘机在公路路基工程中应用很少，所以这里不再介绍。

（三）挖掘机的施工方法

挖掘机在进行路基土方工程施工时，应根据现场的施工条件，如地形、送土位置、土壤级别、土方量大小等情况，选择合适的铲斗、斗形、斗容量及与挖掘机配套的运土车辆，然后根据挖掘机的性能设计施工方案。

1. 开挖路堑

用挖掘机开挖路堑时，要做到不得超挖，又尽量少留土。在采用不同挖掘机开挖路堑时，应采用以下施工方法：

（1）正铲开挖路堑

当路堑的深度小于5m时，可采用全断面开挖；当路堑的深度大于5m时，应当分层开挖。当采用全断面开挖时，挖掘机应一次向前开挖至路堑设计标高。运土车辆停在同一平面上，其位置可在挖掘机的两侧，或者在挖掘机的后面。由于正向开挖效率比较低，凡是通过多次开挖才能达到路堑深度的深路堑，以侧向分层开挖为好。

在采用分层开挖时，挖掘机在纵向行程中做侧向开挖。首次侧向开挖时，运土车辆要停在路堑边缘进行装土，以后利用前一次挖好的小掘进道作为车辆的运输道和停车装料位置。如此往返几个行程，直至将整个路堑开通。挖掘机开挖后在边坡上留下的土角，可用推土机等来进行修整。

（2）反铲开挖路堑

采用反铲开挖路堑时，挖掘机应布置在路堑顶端的两侧，应根据实际情况选用沟端开挖法或沟侧开挖法。

（3）拉铲开挖路堑

拉铲挖掘机适用于土壤松软且直接将土卸于附近弃土堆的路堑开挖。开挖时，当卸土半径能达到两侧弃土堆的范围时，拉铲挖掘机可停在路堑的中心线上进行一次性开挖，否则，应采用双开挖道进行开挖。当开挖一侧土的路堑时，挖掘机沿路堑边缘移动。为了保证施工安全，拉铲挖掘机的两侧履带应与路堑边缘保持1.0～1.5m的距离。

2. 填筑路堤

采用挖掘机取土来填筑路堤时，必须由自卸汽车、推土机、平地机和压路机等多种施工机械配合进行。

各种施工机械的具体分工是：挖掘机取土并卸在自卸汽车上，自卸汽车运土到路堤上卸下，然后用推土机进行粗略整平，必要时再用平地机进行细致整平，最后用压路机进行碾压。因此，对挖掘机来说，其担负的工作仅是填筑路堤的一部分，是比较简单的，同时，取土时要在选定的取土场开辟有利的地形，以经济合理的施工方法，由挖掘机挖出所需的土量，并提高作业效率。由于在施工中，挖掘机和压路机起着主导机械的作用，因此，应合理组织运土车辆与其配合，以充分发挥挖掘机和压路机的主导作用。

三、装载机施工

装载机是一种工作效率较高的铲土运输机械，它兼有推土机和挖掘机两者的工作能力，可以进行铲掘、推运、整平、装卸和牵引等多种作业。

（一）装载机的适用范围

装载机按行走装置不同，可分为轮胎式装载机和履带式装载机两种。轮胎式装载机具有操纵灵活、移动方便、行驶速度快、适应性强等特点，在道路工程中的应用越来越广泛。

在公路施工中，装载机主要用于铲取松散物料并装车，也可以进行短距离（100m以内）的自铲自运、地面平整、场地清理及牵引车辆等。在短距离的运土作业中，装载机能单独完成装土、运土、卸土各道工序；在较长距离的运土作业中，它需要与运土车辆配合使用。在作业面较小的施工现场进行推土和平整场地作业时显得更为优越。

一般来说，若整个铲、装、运作业的循环时间不超过3min，将装载机作为自铲自运设备使用较为经济合理，否则应选用其他施工机械进行作业。

（二）装载机的基本作业方法

装载机是一种循环作业机械，装载时能完成装、运、卸、回4个作业过程。根据作业对象不同，装载机的基本作业方法可分为以下几种：

1.对散状物料的铲装作业方法

首先将装载机的铲斗放在水平位置与地面接触，然后以一定的速度前进，使铲斗插入料堆中。在插入料堆后，要边前进边收斗，待装满铲斗后，提升动臂（离地面50cm）至运输位置，驶离工作面。当铲斗装满物料有困难时，可操纵铲斗上下颤动或稍举动臂，以便更快地装满铲斗。

2.停机面以下物料的铲装作业方法

对于停机面以下物料的铲装，作业时首先转动铲斗，使其与地面成一定的铲土角（一般为10°～30°），然后下斗切入土内前进铲挖。切土深度应保持一致，一般为15～20cm。待物料装满铲斗后，收斗并提升至运输位置。若土壤比较硬，铲装较困难时，可操纵动臂，使铲斗上下颤动几下，或稍稍改变一下铲土角，即可装满铲斗。

3.铲挖土丘时的作业方法

装载机铲挖土丘时的作业方法，有分层铲挖法和分段铲挖法两种。当土壤比较松软时，可采用分层铲挖法，装载机向土丘行驶，随着铲斗插入土丘，逐渐提升铲斗，当土料装满后收起铲斗，或者插入土丘后收斗装满，使铲斗提升至运输位，驶离工作面。分层铲挖法由于插入不深，而且插入后又有提升动作相配合，所以插入阻力小、作业较平稳，同时铲装面比较宽，可得到较高的充满系数。

当遇到的土壤比较坚硬时，可采用分段铲挖法。这种方法是铲斗依次反复插入和提升运作，直至铲斗装满。在具体操作的过程中，有时在铲挖时将铲斗适当抖动几下，有利于松散土层，提高铲斗的装满系数。由于在操作时需要多次断开离合器，这种方法的操作比较复杂，且易磨损离合器。

（三）装载机的施工方法

在公路土石方工程施工中，装载机主要与运输车辆配合，共同完成铲装、运输作业。在施工中，装载机的转移和卸料与车辆位置的配合好坏，直接影响着生产率的提高，因此，必须十分重视装载机施工组织设计，使装载机和运输车辆均充分发挥其效能。在一般情况下，应根据现场堆场的大小和堆料的情况，尽可能缩短装载机行驶的距离，减少其转弯的次数。装载机常用的施工方法有以下几种：

1. 穿梭作业法

装载机只在垂直于工作面方向前进（铲土）和后退（卸土），运土车辆平行于工作面，像穿梭一样来回接装和驶离。作业时，装载机铲满土料后，直线后退一定距离，并提升铲斗到卸载位置，同时运输车辆退到装载机铲斗卸土位置，装载机卸料后，驶向工作面，开始下一个循环，车辆装满后驶离。这种作业方法的特点是装载机不宜反复转向调车，但要求运输车辆与其配合默契，否则配合不良会影响生产率。此法适用于履带式装载机和因地形限制装载机不能转弯的施工现场。

2. "V"型作业法

汽车停在一个固定位置，与铲装工作面的方向斜交 60° 或垂直。装载机装满铲斗后，在倒车驶离工作面的同时转向 30° ～ 45°，然后向前对准汽车向车内卸料。卸料后反转 30° ～ 45° 倒车，再回到工作面做下一次铲土。这种作业方法的循环时间较短，应用比较广泛，但装载机转向频繁，且要求地面坚实，并且排水良好。因此，"V"型作业法最适用于轮胎式装载机。

第二章　公路路面基层工程施工技术

第一节　公路路面基层工程概述

公路路基是公路工程的基础部分，应根据公路要求的功能、公路等级和交通量等，结合沿线地形、地质及路用材料等自然条件进行设计，保证其有足够的强度、稳定性和耐久性，应能承受行车的反复荷载作用和抗御自然因素的影响。

一、公路路基基层结构的类型

直接位于沥青面层、用高质量材料铺筑的主要承重层，或直接位于水泥混凝土面板下、用高质量材料铺筑的结构层称为基层。基层可以是一层或两层，也可以是一种或两种材料。在沥青路面基层下用质量较次材料铺筑的次要承重层，或在水泥混凝土路面基层下用质量较次材料铺筑的辅助层称为底基层。路面基层主要承受由面层传来的车辆荷载垂直力，并把这个垂直力扩散到垫层和土基中，因此，要求路面基层应有足够的强度和刚度。

根据现行规范的规定，路面基层（底基层）可分为结合料（包括有机结合料和无机结合料）稳定类基层和无结合料的粒料类基层。其中无机结合料稳定类基层又称为半刚性或整体性基层，通常包括水泥稳定类基层、石灰稳定类基层、石灰工业废渣类基层和水泥石灰综合稳定类基层。半刚性基层材料的显著特点是抗冻性优、整体性强、承载力高、刚度较大、水稳性好。半刚性基层材料是我国高等级公路路面基层的主要结构形式。

粒料类基层主要分为级配型基层和嵌锁型基层两种。级配型基层材料包括级配碎石、级配砾石、符合级配的天然砂砾、部分砾石经轧制掺配而成的级配砾、碎石等。嵌锁型基层材料包括泥结碎石、泥灰结碎石、填隙碎石等。

二、无机结合料稳定路面基层

（一）无机结合料稳定路面基层概念

在粉碎的或原状松散的土中，掺入适量的无机结合料和水，经拌和得到的混合料称为无机结合料稳定材料，以此修筑而成的基层称为无机结合料稳定路面基层。此类路面基层完工初期，具有柔性的工作特性，随着时间的延长，强度逐渐提高，板体性增加，同时刚度增大，所以也称为半刚性基层。

半刚性基层虽然具有很多优点，但也存在如下缺点：一是未掺骨料的无机结合料路面基层，不可避免地要产生一定的干缩和低温收缩；二是在雨季施工非常困难，不容易达到规定的质量要求。

无机结合料稳定材料的种类较多，其物理、力学性质各有特点，使用时应根据结构要求、掺加剂和原材料的供应情况及施工条件等，进行综合技术、经济分析比较后选定。

在粉碎的或原状松散的土中，掺入适量的水泥和水，经拌和压实得到的混合料在压实及养护后，当其抗压强度符合规定要求时，称为水泥稳定土。如果用石灰代替水泥掺入，则称为石灰稳定土。如果同时用水泥和石灰掺入某种稳定土得到的混合料，则简称为综合稳定土。

一定数量石灰和粉煤灰或石灰和煤渣与其他集料相配合，加入适量的水，经拌和、压实及养护后得到的混合料，当其抗压强度符合规定要求时称为石灰工业废渣稳定土。

（二）无机结合料稳定基层的优缺点

1.无机结合料稳定基层的优点

无机结合料稳定基层具有一定的板体性，刚度、扩散应力较强，具有一定的抗压强度、抗疲劳强度、良好的水稳定和抗冻性能等特性。这些都符合路面基层的基本要求，使得路面基层受力性能良好，并且能保证基层的稳定性。因此，无机结合料稳定材料在路面结构的基层和底基层中使用比较广泛。

2.无机结合料稳定基层的缺点

①半刚性无机结合料不耐磨，不能做道路的面层。路面由于车辆载荷的反复作用，必然会产生摩擦，半刚性材料不耐磨，不能适应路面面层的要求。

②无机结合料稳定类基层的收缩开裂及由此引起沥青路面的反射性裂缝普遍存在。在国外，对于这种裂缝普遍采取的是封缝处理的方法，而在交通量繁重的高速公路上，这种封缝工作十分困难。在我国，对于这种由基层收缩开裂导致的路面裂缝还没有很好的防治措施。

③无机结合料稳定类基层经碾压后非常致密，其渗水性很差。水从各种途径进入路面并到达基层后，不能从基层迅速排走，只能沿着沥青面和基层的分界面扩散、积累。无机结合料稳定类基层沥青路面的内部排水性能差是其致命的弱点。

④无机结合料稳定类基层有很好的整体性，但是在使用的过程中，材料的强度、模量会由于干湿和冻融循环，在反复荷载的作用下因疲劳而逐渐衰减。工程试验的研究结果表明，无机结合料稳定类基层的状态是由整块向大块、小块、碎块变化的，很显然按照整体结构设计是偏于不安全的。

⑤无机结合料稳定类基层沥青路面对重载汽车来说具有更大的轴载敏感性。试验结果表明，同样的超载车对无机结合料稳定类基层沥青路面的影响，要比柔性类基层沥青路面大得多，对路面的损伤也大得多。

⑥无机结合料稳定类基层沥青路面损坏后没有愈合的能力，且无法进行修补，只能对损伤部位挖掉重建，这给沥青路面的维修养护造成很大的困难，因此也增大了道路维修养护的费用。

（三）无机结合料稳定材料力学特性

无机结合料稳定材料力学特性，主要包括应力-应变特性、干缩特性和收缩特性。

1.无机结合料稳定材料应力-应变特性

无机结合料稳定路面的重要特点之一，表现在强度和模量随着龄期的增长而不断增长，逐渐具有一定的刚性。一般规定，水泥稳定类材料的设计龄期为3个月，石灰或石灰粉煤灰（简称二灰稳定料）稳定类材料的设计龄期为6个月。

半刚性材料的应力-应变特性试验方法有顶面法、粘贴法、夹具法和承载板法等。应力-应变试验内容主要包括抗压强度、抗压回弹模量、劈裂强度和劈裂模量、抗弯拉强度和抗弯拉模量等。

由于材料的变异性和试验过程的不稳定性，同一种材料不同的试验方法、同一种试验方法不同的材料、同一种试验方法不同龄期的试验结果都存在着差异性。通过对各种试验方法的综合比较，我们可以发现抗压试验和劈裂试验比较符合工程实际。

无机结合料材料的应力－应变特性，与原材料的性质、结合料的性质和剂量及密实度、含水量、龄期、温度等有关。

2. 无机结合料稳定材料的干缩特性

无机结合料稳定材料经拌和压实后，由于水分蒸发和混合料内部的水化作用，混合料中的水分会不断减少。由此而发生的毛细管作用、吸附作用、分子间力的作用、材料矿物晶体或凝胶体间水的作用和碳化收缩作用等，均会引起无机结合料稳定材料体积的收缩。

表示材料干缩特性的指标主要有干缩应变、干缩系数、干缩量、失水量、失水率和平均干缩系数。干缩应变是水分损失而引起的试件单位长度的收缩量；干缩系数是某失水量时试件单位失水率的干缩应变；干缩量是水分损失时试件的收缩量；失水量是试件失去水分的质量；失水率是试件单位质量的失水量；平均干缩系数是某失水量时试件的干缩应变与试件的失水率之比。

无机结合料稳定材料的干缩特性（最大干缩应变和平均干缩系数）的大小，与结合料的类型、剂量、被稳定材料的类别、粒料含量、小于 0.6mm 的细颗粒含量、试件含水量和龄期等有关。对于稳定料类，半刚性材料的干缩特性的大小次序为：石灰稳定类＞水泥稳定类＞石灰粉煤灰稳定类。对于稳定细粒土，半刚性材料的干缩特性的大小次序为：石灰土＞水泥土和水泥石灰土＞石灰粉煤灰土。

3. 无机结合料稳定材料的温度收缩特性

半刚性材料是由固相（组成其空间骨架的原材料的颗粒和其间的胶结物）、液相（存在于固相表面与空隙中的水和水溶液）和气相（存在于空隙中的气体）组成的，所以半刚性材料的外观胀缩性是三相的不同温度收缩性的综合效应的结果。一般气相大部分与大气贯通，在综合效应中影响很小，可以忽略。原材料中砂粒以上颗粒的温度收缩系数较小，粉粒以下的颗粒温度收缩性较大。

半刚性材料温度收缩的大小，与结合料类型和剂量、被稳定材料的类别、粒料含量、龄期等有关。试验结果表明：石灰土砂砾（$16.7 \times 10^{-6}/℃$）＞悬浮式石灰粉煤灰粒料（$15.3 \times 10^{-6}/℃$）＞密实式石灰粉煤灰粒料（$11.4 \times 10^{-6}/℃$）和水泥砂砾（5% 水泥剂量为 $10 \times 10^{-6}/℃$）。

半刚性基层一般在高温季节修建，成型初期基层内部的含水量较大，且尚未被沥青面层封闭，基层内部的水分必然要向外蒸发，从而发生由表及里的干

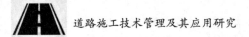

燥收缩。同时，环境温度也存在昼夜温差，因此，修建初期的半刚性基层同时受到干燥收缩和温度收缩的综合作用，必须加强养护保护。

经过一定龄期的养护，半刚性基层上铺筑沥青面层后，基层内的相对湿度略有增大，使材料的含水量趋于基本平衡，这时半刚性基层的变形以温度收缩为主。

三、路面基层中的常用术语

1. 基层（base）

直接位于沥青路面面层下的主要承重层，或直接位于水泥混凝土面板下的结构层称为基层。

2. 底基层（subbase）

在沥青路面基层下铺筑的次要承重层或在水泥混凝土路面基层下铺筑的辅助层称为底基层。

3. 细粒土（fine grained soil）

颗粒的最大粒径小于 9.5mm，且其中小于 2.36mm 的颗粒含量不少于 90%（如塑性指数不同的各种黏性土、粉性土、砂性土、砂和石屑等）的土称为细粒土。

4. 中粒土（midium grained soil）

颗粒的最大粒径小于 26.5mm，且其中小于 19mm 的颗粒含量不少于 90%（如砂砾土、碎石土、级配砂砾、级配碎石等）的土称为中粒土。

5. 粗粒土（coarse grained soil）

颗粒的最大粒径小于 37.5mm，且其中小于 31.5mm 的颗粒含量不少于 90%（如砂砾石、碎石土、级配砂砾、级配碎石等）的土称为粗粒土。

6. 水泥稳定材料（cement stabilized material）

以水泥为结合料，通过加水与被稳定材料共同拌和形成的混合料，称为水泥稳定材料，包括水泥稳定级配碎石、水泥稳定级配砾石、水泥稳定石屑、水泥稳定土、水泥稳定砂等。

7. 综合稳定材料（composite stabilized material）

以两种或两种以上材料为结合料，通过加水与被稳定材料共同拌和形成的混合料，称为综合稳定材料。

8. 水泥改善材料（cement improved material）

仅使用少量水泥改善级配砾石的塑性指数或提高级配砾石的强度，使其能适合做轻交通道路上沥青面层的基层，而达不到有关规范中规定的强度要求时，称为水泥改善材料。

9. 土的均匀系数（coeffcient of uniformity of soil）

筛分土的颗粒组成时，通过量为 60% 的筛孔尺寸与通过量为 10% 的筛孔尺寸之比值，称为土的均匀系数。

10. 集料（aggreate）

由碎石（或砾石）、砂粒和粉粒（有时还可能有黏粒）组成的，并以碎石（或砾石）和砂粒为主的矿料混合料，统称为集料。

粒径大于 2.36mm 的集料，称为粗集料；粒径小于 2.36mm 的集料，称为细集料。

11. 石灰稳定材料（lime stabilized material）

以石灰为结合料，通过加水与被稳定材料共同拌和形成的混合料，称为石灰稳定材料。

12. 石灰改善土（lime improved material）

仅使用少量石灰改善级配砾石的塑性指数或提高级配砾石的强度，使其能适应做轻交通道路上沥青面层的基层，但达不到规定的强度要求时，称为石灰改善材料。

13. 工业废渣稳定材料（industrial waste stabilized material）

以石灰或水泥为结合料，以煤渣、钢渣、矿渣等工业废渣为主要被稳定材料，通过加水拌和形成的混合料，称为工业废渣稳定材料。

一定数量的石灰和粉煤灰，一定数量的石灰、粉煤灰和土以及一定数量的石灰、粉煤灰和砂相配合，加入适量的水（通常为最佳含水量），经拌和、压实及养护后得到的混合料，当其抗压强度符合规定的要求时，分别简称为二灰、二灰土、二灰砂。

用石灰和粉煤灰稳定级配碎石或级配砾石得到的混合料，当其强度符合要求时，分别称为石灰、粉煤灰级配碎石和石灰、粉煤灰级配砾石。这两种混合料又统称为石灰、粉煤灰级配集料，或分别简称二灰级配碎石、二灰级配砾石、二灰级配集料。

用石灰、煤渣和土以及石灰、煤渣和集料得到的强度符合要求的混合料，

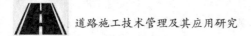

分别称为石灰煤渣土和石灰煤渣集料。

14. 级配碎石（graded crushed stone）

各档粒径的碎石和石屑按一定比例混合，级配满足一定要求且塑性指数和承载比均符合规定要求的混合料，称为级配碎石。

15. 级配砾石（graded gravel）

各档粒径的砾石和砂按一定比例混合，级配满足一定要求且塑性指数和承载比均符合规定要求的混合料，称为级配砾石。

16. 未筛分碎石（crushed run rock）

粒径大小不一的碎石，仅用一个与规定最大工程粒径相符的筛筛去超尺寸颗粒后得到的碎石混合料，称为未筛分碎石。

17. 石屑（screenings）

轧石场通过筛分设备最小筛孔（通常为 5mm 或 3mm）的细筛余料，称为石屑。其理论颗粒组成为 $0 \sim d$mm（$d$mm 为轧石场用最小筛孔尺寸）。实际上，石屑中常有部分粒径大于 $d$mm 的超尺寸颗粒。

18. 填隙碎石（dry bound macadam）

用单一尺寸的粗碎石作为主骨料，形成嵌锁结构，起承受和传递车轮荷载的作用；用石屑作为填隙料，填满碎石间的孔隙，增加密实度和稳定性，这种材料称为填隙碎石。

19. 松铺厚度（thickness of uncompacted layer）

用各种不同方法摊铺任何一种混合料时，其密实度经常显著小于碾压后达到的规定密实度，这种未经压实的材料层厚度称为松铺厚度。

20. 松铺系数（coefficient of loose paving material）

材料的松铺厚度与达到规定压实度的压实厚度之比值，称为材料的松铺系数，工程中常精确到小数点后两位。

21. 碾压遍数（compaction time）

压路机沿相同或相近轨迹往、返碾压各 1 次，称为碾压 1 遍，并以此方式计算的碾压数量，称为碾压遍数。

第二节　水泥稳定土施工技术

在经过粉碎的或原来松散的土中，掺入足够的水泥和水，经拌和得到的混合料在压实和养护后，当其抗压强度符合规定的要求时，称为水泥稳定土。用水泥稳定细粒土得到的强度符合要求的混合料，视所用的土类而定，可简称为水泥土、水泥砂或水泥石屑等。用水泥稳定中粒土和粗粒土得到的强度符合要求的混合料，视所用原材料而定，可简称为水泥碎石、水泥砂砾等。水泥稳定土按照技术要求经拌和摊铺，在最佳含水量时压实及养护成型，其抗压强度符合规定要求，以此修建的路面基层称为水泥稳定类基层。

水泥是水硬性结合料，绝大多数土类都可以用水泥来稳定，改善其物理力学性质，适应各种不同的气候条件与水文地质条件。

水泥稳定土具有良好的整体性，也具有足够的力学强度、抗水性和耐冻性，因此它的水稳定性和抗冻性都比石灰稳定土好。水泥稳定土的初期强度高并且强度随龄期增长，它的力学强度还可以根据需要进行调整。因此，水泥稳定土可以在各种等级的公路上用作基层或底基层。

一、水泥稳定土强度形成机理

水泥掺入土中，加水拌和后即发生强烈的水解和水化反应，同时分解出氢氧化钙并生成其他水化产物。当水泥的各种水化产物生成后，有的自身继续硬化形成水泥石骨架，有的则与有活性的土进行化学反应。

（一）强度形成机理

在利用水泥来稳定土的过程中，水泥、土和水之间发生了多种复杂的作用，从而使土的性能发生了明显的变化。水泥稳定土的强度形成机理，其主要表现在化学作用和物理作用上，具体表现在以下 4 个方面：

1. 水泥水化作用

在水泥稳定土中，首先发生的是水泥自身的水化反应，从而产生出具有胶结能力的水化产物（如硅酸二钙、硅酸三钙、铝酸三钙、铁铝酸四钙），这是水泥稳定土产生强度的主要来源。水泥水化生成的水化产物，在土的孔隙中相互交织搭接，将土颗粒包覆连接起来，使土逐渐丧失原有的塑性等性质，并随着水化产物的增加，混合料也逐渐坚固起来。

由于土具有非常高的比表面积和亲水性、水泥稳定土中的水泥含量较小、土对水泥的水化产物具有强烈的吸附性和土中存在酸性介质环境等，在水泥稳定土中，水泥的水化硬化条件要比混凝土中差得多，在选择水泥时应优先选用早期反应较快的硅酸盐水泥或普通硅酸盐水泥，必要时还应对水泥稳定土进行"补钙"，以提高混合料中的碱度。

2. 离子交换作用

土中的黏土颗粒由于颗粒细小、比表面积大，因而具有较高的活性，当黏土颗粒与水接触时，黏土颗粒表面通常带有一定量的负电荷，在黏土颗粒周围形成一个电场，这层带负电荷的离子就被称为电位离子。带负电荷的黏土颗粒表面吸附周围溶液中的正离子，而在颗粒表面形成了一个双电层结构，这些与电位离子电荷相反的离子被称为反离子。在双电层中，电位离子形成了内层，反离子形成外层。靠近颗粒的反离子与颗粒表面结合较紧密，当黏土颗粒运动时，结合较紧的反离子将随颗粒一起运动，而其他反离子将不产生运动，由此在运动与不运动的反离子之间便出现了一个滑移面。

在硅酸盐水泥和普通硅酸盐水泥中，硅酸三钙和硅酸二钙占主要部分，可达水化产物的 25%。大量的氢氧化钙溶于水以后，在土中形成了一个富含 Ca^{2+} 的碱性溶液环境，因而使运动电位减小、双电层的厚度降低，使黏土颗粒之间的距离减小，从而相互靠拢，导致土产生凝聚，从而改变土的塑性，使土具有一定的强度和稳定度。这种作用称为离子交换作用。

3. 化学激发作用

水泥稳定土中钙离子的存在不仅影响黏土颗粒表面双电层的结构，而且在这种碱性溶液环境下黏土颗粒本身的化学性质也将发生变化。

土的矿物组成基本上都属于硅铝酸盐，其中含有大量的硅氧四面体和铝氧八面体。在通常情况下，这些矿物具有比较高的稳定性，但当黏土颗粒周围介质的 pH 值增加到一定程度时，黏土矿物中的部分 SiO_2 和 Al_2O_3 的活性将被激发出来，与溶液中的 Ca^{2+} 进行反应，生成新的矿物，这些矿物主要是硅酸钙和铝酸钙系列。这些矿物的组成和结构与水泥的水化产物一样，同样具有一定的胶凝能力，包裹在黏土颗粒表面，与水泥的水化产物一起，将黏土颗粒凝结成一个整体，可以进一步提高水泥稳定土的强度和水稳定性。

4. 碳酸化作用

水泥水化产物中的游离氢氧化钙，除了可与黏土矿物发生化学反应外，还可以生成碳酸钙。碳酸钙生成的过程中产生体积膨胀，也可以对土的基体起到填充和加固作用，从而提高土的强度，但比凝结硬化反应的作用差一些。

由此可以看出，水泥稳定土产生强度可认为是水泥石的骨架作用与氢氧化钙的物理化学反应共同作用的结果。物理化学作用使土粒形成稳定的团粒结构，而水泥石则把这些团粒包覆和连接成坚强未被分解粉碎的各种大小的土团粒。所以，在拌制水泥稳定土时会出现由水泥浆包裹土团粒现象，而在土团粒内部却没有水泥。只有在长时间扩散作用下，土团内部才能被水泥水解物渗入，从而改变土的原有性质。

（二）影响水泥稳定土强度的主要因素

1. 土质

土的类别和性质是影响水泥稳定土强度的重要因素，各类砂砾土、砂土、粉土和黏土均可利用水泥进行稳定，但产生的稳定效果不同。土工试验和生产实践证明：用水泥稳定级配良好的碎（砾）石效果最好，不但强度比较高，而且水泥用量少；其次是砂性土；最后是粉性土和黏性土。

对有机质含量较多的土、硫酸盐含量超过0.25%的土及重黏土（难于粉碎和拌和），不宜用水泥来稳定。因此，一般要求土的塑性指数宜在10～17范围内。

2. 水泥成分和剂量

通常认为，各类水泥都可以用于稳定土。但材料试验结果证明，水泥的矿物成分和分散度对其稳定效果有明显影响。对于同一种土来说，一般情况下硅酸盐水泥的稳定效果较好，普通硅酸盐水泥稳定效果尚可，而铝酸盐水泥的稳定效果较差。

在水泥硬化条件相似、矿物成分相同时，随着水泥分散度的增加，活性程度和硬化能力也有所增大，从而使水泥稳定土的强度也大大提高。

水泥稳定土的强度随着水泥剂量的增加而增长。但过多的水泥用量，虽然能够获得强度的增加，在经济上却不一定合理，效果上也不一定显著，并且容易产生开裂。试验研究证明，水泥剂量以5%～8%较为合理。

3. 含水量

含水量对水泥稳定土的强度影响很大，当含水量不足时，水泥不能在混合料中完全水化和水解，不能充分发挥水泥对土的固结和稳定作用，严重影响水泥稳定土的强度形成。同时，如果含水量过小，不仅不能使水泥完全反应，而且达不到混合料的最佳含水量，也将严重影响水泥稳定土的压实。因此，试验室配合比设计在使含水量达到最佳含水量的同时，也要满足水泥完全水化和水解作用的需要。

水泥正常水化所需的水量约为水泥质量的 20%，对于砂性土，完全水化达到最高强度的含水量，要比最佳密度的含水量略小；而对于黏性土则相反。

4. 施工工艺

水泥稳定土从开始加水拌和到完全压实的延续时间要尽可能缩短，一般控制在 3～4h 内。如果时间过长，则水泥产生凝结，在碾压过程中，不但达不到规定的压实度，而且也会破坏已硬化水泥的胶凝作用，反而使水泥稳定土的强度下降。

水泥稳定土需要湿法养护，以满足水泥水化形成强度的需要。养护的温度越高，水泥稳定土的强度增长越快。因此，要保证水泥稳定土的养护温度和湿度条件。

二、水泥稳定土的材料要求

1. 二级和二级以下公路对集料的要求

用于二级及二级以下公路的集料，又分为用作底基层时的集料和用作基层时的集料，它们的颗粒组成范围是不同的。

（1）用作底基层的集料颗粒组成范围

对于二级和二级以下公路，水泥稳定土用作底基层时，单个颗粒的最大粒径不应超过 53mm，同时土的均匀系数应大于 5。

细粒土的液限不应超过 40，塑性指数不应超过 17。对于中粒土和粗粒土，若土中小于 0.6mm 的颗粒含量在 30% 以下，则塑性指数可稍微大一些。在实际工程施工中，宜选用均匀系数大于 10、塑性指数小于 12 的土。塑性指数大于 17 的土，宜采用石灰稳定，或用水泥和石灰综合稳定。

（2）用作基层的集料颗粒组成范围

水泥稳定土用作基层时，单个颗粒的最大粒径不应超过 37.5mm，集料中不得含有塑性指数高的土。

2. 高速公路和一级公路对集料的要求

用于高速公路和一级公路的集料，又分为用作底基层时的集料和用作基层时的集料，它们的颗粒组成范围也是不同的。

（1）用作底基层的集料颗粒组成范围

水泥稳定土用作底基层时，单个颗粒的最大粒径不应超过 37.5mm，土的均匀系数应大于 5。细粒土的液限不应超过 40%，塑性指数不应超过 17。对于中粒土和粗粒土，若土中小于 0.60mm 的颗粒含量在 30% 以上，塑性指数可稍大一些。在实际工程中，宜选用均匀系数大于 10、塑性指数小于 12 的土。塑性指数大于 17 的土，宜采用石灰稳定，或用水泥和石灰综合稳定。对于中粒土和粗粒土，小于 0.075mm 的颗粒含量和塑性指数可不受限制。

（2）用作基层的集料颗粒组成范围

水泥稳定土用作基层时，单个颗粒的最大粒径不应超过 31.5mm。

在工程中，对集料颗粒的最大粒径必须加以限制。因为集料中的粒径越大，对拌和机、平地机和摊铺机等施工机械越容易造成损坏，混合料越容易产生粗细集料离析现象，摊铺层的平整度也越难达到较高的要求。但是，最大粒径过小，又会造成石料的加工量过大。因此，在实际工程中应创造条件选用最大粒径较小的集料。对于高速公路和一级公路，由于投资比较大，对道路使用性能的要求高，必须采用最大粒径较小的集料，以有利于机械施工。

无论是采用碎石还是卵石，用于高速公路和一级公路时均应事先筛分成 3～4 个大小不同的粒级，然后再用水泥一起采用集中工厂机械拌和。因为只有这样，才能保证碎石或砾石具有相应的级配，并保证水泥粒料不产生大的变化。

粒料中含有塑性指数高的土时，其收缩性大。为了减少基层材料的收缩性和减轻基层的裂缝，集料中不宜含有塑性指数高的土。

三、混合料的一般规定

①水泥剂量用水泥质量占全部粗细土颗粒（砾石、砂粒、粉粒和黏粒）的干土质量的百分率表示，即水泥剂量 = 水泥质量 / 干土质量 × 100%。

②水泥稳定土中粒土和粗粒土用作基层时，水泥剂量一般不宜超过 6%。必要时，应首先改善集料的级配，然后再用水泥进行稳定。

在只能使用水泥稳定细粒土作为基层时，或水泥稳定集料的强度要求明显大于设计规定时，水泥剂量可不受此限制。

③水泥稳定土可适用于各级公路的基层和底基层，但水泥稳定土有以下 3 个不利特征，不得用作二级和二级以上公路高级沥青路面和水泥混凝土路面的基层，但可用作底基层：

a. 水泥稳定土的干缩系数和干缩应变以及温缩系数均较大，容易产生比较严重的干缩裂缝，并严重影响沥青面层，甚至使沥青面层产生开裂。

b. 水泥稳定土的强度没有充分形成时，如果接触到水，表层易发生软化，导致沥青面层出现龟裂破坏。

c. 水泥稳定土的抗冲刷能力比较小，易使沥青面层发生变形，也会使水泥混凝土路面出现边角断裂。

④在雨季施工的水泥稳定土，特别是水泥土结构层施工时，应特别注意气候的变化，千万不可使水泥和混合料遭到雨淋。降雨时应当立即停止施工，但对已经摊铺的水泥混合料应尽快碾压密实。当采用路拌法施工时，应考虑排除下承层表面水的措施，勿使运到路上的集料过分潮湿。

⑤在水泥结构层施工时应遵守下列规定：

a. 水泥稳定土中较大的土块应尽可能地进行粉碎，在一般情况下土块的最大尺寸不应大于 15mm。

b. 为确保基层或底基层的质量，水泥稳定土混合料的配料应当准确，配料误差应符合设计要求。

c. 采用路拌法进行施工时，水泥应当摊铺均匀，不得出现缺料和水泥过于集中现象。

d. 对混合料的洒水、拌和应均匀。

e. 应严格控制基层的厚度和高程，每层的路拱横坡应与面层一致。

f. 应在水泥混合料处于或略大于最佳含水量时进行碾压，如果气候炎热干燥，混合料中的含水量可大于最佳含水量 1% ～ 2%，直至达到下列按重型击实试验法确定的要求压实度（最低要求）：

基层：高速公路和一级公路，压实度应达到 98%；二级和二级公路以下公路，水泥稳定中粒土和粗粒土达到 97%，水泥稳定细粒土达到 93%。

底基层：高速公路和一级公路，水泥稳定中粒土和粗粒土达到 97%，水泥稳定细粒土达到 95%；二级和二级公路以下公路，水泥稳定中粒土和粗粒土达到 95%，水泥稳定细粒土达到 93%。

由于在高等级公路工程施工中已广泛应用大能量的压路机，所以对基层的压实度宜提高 1% ～ 2%。

g. 水泥稳定土结构层应用 12t 以上的压路机进行碾压。当用 12 ～ 15t 三轮压路机碾压时，每层的压实厚度不应超过 15cm；当用 18 ～ 20t 三轮压路机碾压时，每层的压实厚度不应超过 20cm；对于水泥稳定中粒土和粗粒土，采用能量大的振动压路机碾压时，或对于水泥稳定细粒土，采用振动羊足碾与三轮压路机配合碾压时，每层的压实厚度可以根据试验适当增加。压实厚度如果超过上述规定时，应当分层进行铺筑，每层的最小压实厚度为 10cm，下层可以稍厚一些。

对于稳定细粒土，以及用摊铺机摊铺的混合料，都应当采用先轻型、后重型的碾压方式。

h. 采用路拌法施工时，必须严密组织，采用流水作业法施工，尽可能缩短从加水拌和到碾压终结的延迟时间。此时间一般应控制在 3 ～ 4h 内，并应短于水泥的终凝时间。采用集中厂拌法施工时，延迟时间不应超过 2h。

i. 水泥稳定土基层施工时，如果压实层表面不平整，严禁用薄层贴补法进行找平。

g. 水泥稳定土基层必须采用保湿养护，不得使水泥稳定土层表面干燥，也不能使水泥稳定土忽干忽湿。

⑥对于二级以下的公路，水泥稳定土基层和底层可以采用路拌法施工。但对于二级公路，应采用专用的稳定土拌和机或使用集中拌和法制备混合料。对于高速公路和一级公路，直接铺筑在土基上的底层下层可以用稳定土拌和机进行路拌法施工，当土基上层已用石灰或固化剂处理，底基层的下层也宜用集中拌和法拌制混合料。其上的各个稳定土层都应用集中厂拌法拌制混合料，并用摊铺机摊铺基层混合料。

⑦基层分两层施工时，在铺筑上一层之前，应在下层顶面先洒薄层水泥或水泥净浆。

⑧水泥稳定土结构层宜在春末和气温较高季节组织施工。施工期的日最低气温应当在 5℃ 以上，在有冰冻的地区，并应在第一次重冰冻（-5 ～ -3℃）到来之前 0.5 ～ 1 个月内彻底完成。

四、混合料的组成设计

（一）一般规定

①水泥稳定土的组成设计应按照强度标准，通过试验选取最适宜稳定的土，确定必需的水泥剂量和混合料的最佳含水量，在需要改善混合料的物理力学性质时，还应确定掺加料的比例。

②综合稳定土的组成设计应通过试验选取最适宜于稳定的土，确定必需的水泥和石灰的剂量以及混合料的最佳含水量。

③采用综合稳定时，如果水泥用量占结合料总量的比例在 30% 以上，应按照有关技术要求进行组成设计。水泥和石灰的比例宜取 60 ：40、50 ：50、40 ：60。

④水泥稳定土的各项试验应按照现行交通行业工程标准《公路工程无机结合料稳定材料试验规程》（JTG E51—2009）中的规定进行。

（二）原材料试验

①原材料试验项目。在水泥稳定土层进行施工前，应取所定料场中有代表性的土样，按照现行交通行业工程标准《公路土工试验规程》（JTG 3430—2020）中的规定进行下列试验：颗粒分析；液限和塑性指数；相对密度；击实试验；碎石或砾石压碎值；有机质含量（必要时做）；硫酸盐含量（必要时做）。

②对于级配不良的碎石、碎石土、砂砾、砂砾土、砂等要进行级配测定，并按规定改善其级配。

③应检验所用水泥的强度和凝结时间。

（三）混合料设计步骤

①分别按下列5种水泥剂量配制同一种土样，得到不同水泥剂量的混合料。

a. 用作基层：对于中粒土和粗粒土，水泥剂量分别为3%、4%、5%、6%、7%；对于塑性指数小于12的细粒土，水泥剂量分别为5%、7%、8%、9%、11%；对于其他细粒土，水泥剂量分别为8%、10%、12%、14%、16%。

b. 用作底基层：对于中粒土和粗粒土，水泥剂量分别为3%、4%、5%、6%、7%；对于塑性指数小于12的细粒土，水泥剂量分别为4%、5%、6%、7%、9%；对于其他细粒土，水泥剂量分别为6%、8%、9%、10%、12%。

②确定各种混合料的最佳含水量和最大干密度（或压实度），至少应做3个不同水泥剂量混合料的击实试验，即最小剂量、中间剂量和最大剂量。其他两个剂量混合料的最佳含水量和最大干密度用内插法确定。

③按规定的压实度分别计算不同水泥剂量的试件应有的干密度。

④按最佳含水量和计算得出的干密度制备试件。

⑤试件在规定温度下保湿养护6d、浸水24h后，按照现行交通行业工程标准《公路工程无机结合料稳定材料试验规程》（JTG E51—2009）的有关规定进行无侧限抗压强度试验。

⑥计算试验结果的平均值和偏差系数。

⑦工地实际采用的水泥剂量应比室内试验确定的剂量多0.5%～1.0%。采用集中厂拌法施工时，可以增加0.5%；采用路拌法施工时，宜增加1.0%。

五、水泥稳定土施工要点

（一）路拌法施工

根据现行交通行业工程标准《公路路面基层施工技术细则》（JTG F20—2015）中的规定，水泥稳定土路拌法施工应当按照以下步骤进行。

1. 施工作业段划分

在水泥稳定土施工时，必须采用流水作业法，使各工序紧密衔接，特别是要缩短从拌和到碾压结束的延迟时间。同时应做延迟时间对水泥稳定土强度的影响试验，以确定合适的延迟时间，保证水泥稳定土在不影响强度的情况下碾压密实。

一般情况下，每一作业段以 200m 为宜，每天的第一个作业段宜稍短一些。在路拌法施工时，要想确定合理的作业长度就应考虑以下因素：水泥的终凝时间、延迟时间对混合料密实度和抗压强度的影响；施工机械和运输车辆的效率和数量；操作的熟练程度；施工季节和气候条件的影响；等等。

2. 主要工序的施工

水泥稳定土路拌法施工时的主要工序有准备下承层、施工放样、施工备料、摊铺土料、洒水闷料、整平与轻压、摆放和摊铺水泥、拌和、加水和湿拌、整形、碾压、接缝和调头处理等。

（1）准备下承层工序

水泥稳定土的下承层表面应平整、坚实，具有规定的路拱，没有任何松散的材料和软弱的地点。通常应对下承层进行检查验收，主要项目有高程、宽度、横坡、平整度、压实度及弯沉值。

当水泥稳定土用作基层时，要准备底基层；当水泥稳定土用作老路面的加强层时，要准备老路面；当水泥稳定土用作底基层时，要准备土基。若土基已遭破坏，则必须做如下处理：

①对土基不论是路堤还是路堑，必须用 12～15t 的三轮压路机或等效的碾压机械进行 3～4 遍碾压检验。在碾压过程中，如果发现土料过干、表层松散，应适当进行洒水；如果土料过湿，发生"橡皮土"现象，应采用挖开晾晒、换土、掺石灰或水泥等措施进行处理，使土料的含水量接近或等于最佳含水量。

②对于底基层，应进行压实度检查，对于柔性底基层还应进行弯沉值检验。凡是不符合设计要求的路段，必须根据具体情况，分别采用补充碾压、换填好的材料、挖开晾晒等有效技术措施，使之达到规范规定的标准。

③对于老的路面，应检查其材料是否符合底基层材料的技术要求。如果不符合技术要求，应翻松老路面并采取必要的处理措施。

④底基层或老路面上的低洼或坑洞，应仔细填补及压实；对搓板和辙槽应彻底刮除；松散处应耙松洒水并重新进行碾压，达到平整密实。

⑤新完成的底基层或土基，必须按照有关规定或设计要求进行验收。凡是不合格的路段，必须采取措施，使其达到标准后方可铺筑水泥稳定土层。

（2）施工放样工序

在底基层或老路面或土基上恢复中线，在直线段每隔 15～20m 设一个桩，平曲线段每隔 10～15m 设一个桩，并在两侧路肩边缘外设指示桩。

在两侧指示桩上用明显标记标出水泥稳定土层边缘的设计高程，以便于掌握施工标准。

（3）施工备料工序

根据道路工程的不同情况，施工备料分为利用老路面或土基上部材料和利用料场的土。

1）利用老路面或土基上部材料

①老路面或土基表面的石块等杂物必须首先清除干净。

②每隔 10～20m 挖一小洞，使洞底标高与预定的水泥稳定土层的底面标高相同，并在洞底做一标记，以控制翻松及粉碎的深度。

③用犁、松土机或装有强固齿的平地机或推土机将老路面或土基的上部翻松到预定的深度，土块应粉碎到符合要求。

④应经常用犁将土向路中心翻松，使预定处置层的边部成一个垂直面，防止处置宽超过规定。

⑤用专用机械粉碎黏性土，在无专用机械的情况下也可以用旋转耕作机、圆盘耙粉碎塑性指数不大的土。

2）利用料场的土

①采集土前，应先将树木、草皮和杂土清除干净；土中的超尺寸颗粒应予筛除。

②应在预定的深度范围内采集土，不应分层采集，不应将不合格的集料采集在一起。

③对于塑性指数大于 12 的黏性土，可以根据土质情况和机械性能确定土是否需要经过过筛。

④在预定堆料的下承层上，在堆料前应先洒水，使其表面保持湿润，但不应过分潮湿而造成泥泞。

⑤土料装车时，应控制每车土料的数量基本相等，以使每路段卸料均匀。

⑥在同一料场供料的路段内，由远到近将料按计算的距离卸置于下承层表面的中间或上侧，卸料距离应严格掌握，避免有的路段土料不够或过多。

⑦料堆每隔一定的距离留下一个缺口。

⑧土在下承层上的堆置时间不应过长，运送土应宜比摊铺土工序提前1～2d。

⑨当路肩用料与稳定土层用料不同时，应采取修筑路肩的措施进行处理，先将两侧路肩修筑好。路肩料层的压实厚度应与稳定土层的压实厚度相同。在路肩上，每隔5～10m应交错开挖临时泄水沟。

（4）摊铺土料工序

在摊铺土料时应按以下工序进行。

①应事先通过试验确定土的松铺系数（或压实系数，它是混合料的松铺干密度与压实干密度的比值）。

②摊铺土应在摊铺水泥的前一天进行，摊铺长度按日进度的需要量控制，满足次日完成掺加水泥、拌和、碾压成型即可。

③应将土均匀地摊铺在预定的宽度上，表面力求平整、均匀，并符合设计规定的路拱。

④在摊铺土料的过程中，应将土块、超径的颗粒及其他杂物拣除。

⑤如果土中含有较多粒径较大的土块，应当在摊铺前先进行粉碎，使土料的粒径达到设计要求的规格。

⑥检验松铺材料层的厚度，看其是否符合预计的要求。

⑦在铺料碾压的施工过程中，除洒水车外，严禁其他车辆在土层上通行。

（5）洒水闷料工序

①如果已经整平的集料（含粉碎的老路面）含水量过小，应在土层上洒水闷料。洒水要均匀，防止出现局部水分过多的现象。

②为保证摊铺的土料表面平整，在洒水的过程中，严禁洒水车在洒水段内停留和调头。

③细粒土应经过一夜闷料；中粒土和粗粒土，根据其细土含量的多少，可适当缩短闷料时间。

④如果是综合稳定土，应先将石灰和土拌和均匀后一起进行闷料。

（6）整平与轻压工序

对于人工摊铺的土层，在整平后，应用6～8t的两轮轻型压路机碾压1～2遍，使其表面平整，并具有一定的压实度。

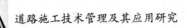

（7）摆放和摊铺水泥工序

①应按照前面所述规定计算出每袋水泥的纵横间距，并在土层上做出安放标记。

②应将水泥当日直接运送到摊铺路段，卸在做标记的地点，并检查有无遗漏和重复。运输水泥的车辆应当有防雨设备。

③应用刮板将水泥均匀地摊开，并应注意使每袋水泥的摊铺面积基本相等。水泥摊铺完毕后，表面应没有空白位置，也应没有水泥过分集中的现象。

（8）拌和工序

水泥稳定土的拌和，实际上是指水泥稳定土混合料的现场干拌和，在拌和中一般应注意以下几个方面：

①对于二级及二级以上公路，应采用专用稳定土拌和机进行拌和，并设专人跟随拌和机，随时检查拌和深度并配合拌和机操作人员调整拌和深度。拌和深度应达稳定层底并宜侵入下承层 5～10mm，以有利于上下层黏结。严禁在拌和层底部留有素土夹层。通常应拌和两遍以上，在最后一遍拌和之前，必要时可先用多铧犁紧贴底面翻拌一遍。直接铺在土基上的拌和层也应避免素土夹层。

②对于三、四级公路，在没有专用拌和机械的情况下，可用农用旋转耕作机与多铧犁或平地机相配合进行拌和，但应注意拌和的效果如何，拌和时间不能过长。

先用平地机或多铧犁（一般用四铧犁或五铧犁）将铺好水泥的土翻拌两遍，使水泥均匀分布到土中，但不应翻犁到底，防止水泥大部分落到底部。第一遍由路中心开始，将混合料向中间翻，机械应慢速前进；第二遍应相反，即从两边开始，将混合料向外侧翻。接着用旋转耕作机拌和两遍。

以上工序完成后，再用多铧犁或平地机将底部料翻起。随时检查调整翻犁的深度，使稳定土层全部翻透。严禁在稳定土层与下承层之间残留一层素土，也应防止翻犁过深或过多破坏下承层的表面，通常应翻犁两遍。接着再用旋转耕作机拌和两遍，然后用多铧犁或平地机翻犁两遍。

③对于三、四级公路，在没有专用拌和机械的情况下，也可以用缺口圆盘耙与多铧犁或平地机相配合，拌和水泥稳定细粒土和中粒土，但应注意拌和效果，拌和时间不可过长。用平地机或多铧犁在前面翻拌，用圆盘耙在后面进行拌和。圆盘耙的速度应尽量快，使水泥与土拌和均匀。一般情况下，应翻拌四遍，开始的两遍不应翻犁到底，以防水泥落到底部；后面的两遍应翻犁到底，随时检查调整翻犁的深度。基本要求与上述相同。

（9）加水和湿拌工序

①在上述拌和过程结束后，特别在用农业机械进行拌和的情况下，如果混合料的含水量不足，应用喷管式洒水车补充洒水。洒水车起洒处和另一端调头处，超出拌和段的高度应在 2m 以上。洒水车不应在正进行拌和的以及当天计划拌和的路段上调头和停留，以防止局部洒水量过大。

②在洒水后，应再次进行拌和，使水分在混合料中分布均匀。拌和机械应紧跟洒水车后面进行拌和，以减少水分的流失。

③在洒水及拌和的过程中，应及时检查混合料的含水量。含水量宜略大于最佳值，不应小于最佳值。对于稳定粗粒土，应比最佳含水量大 0.5% ～ 1.0%；对于稳定细粒土，应比最佳含水量大 1% ～ 2%。

④在洒水及拌和的过程中，应配合人工拣出超出要求尺寸的颗粒，消除粗细颗粒"窝"以及局部过分潮湿或过分干燥之处。

⑤混合料拌和均匀后应色泽一致，没有灰条、灰团和花面，即无明显粗细集料离析现象，且水分合适和均匀。

（10）整形工序

①混合料拌和均匀后，应立即用平地机初步进行整形。在直线段，平地机由两侧向路中心进行刮平；在平曲线段，平地机由内侧向外侧进行刮平。必要时再返回刮一遍。

②用拖拉机、平地机或轮胎压路机在初步整形的路段上快速碾压一遍，以暴露出潜在的不平整之处。

③用平地机按照第①款进行整形，整形前应用齿耙将轮迹低洼处表层 5cm 以上耙松，并按照第②款的方法再碾压一遍。

④对于暴露出的局部不平和低洼处，应用齿耙将其表层 5cm 以上耙松，并用新拌的混合料进行找平。

⑤再用平地机整形一次。应将高处料直接刮出路外，不应形成薄层贴补现象。

⑥每次整形都应达到规定的坡度和路拱，并应特别注意接缝处必须顺适平整。

⑦当采用人工整形时，应先用锹和耙将混合料摊平，再用路拱板进行初步整形。然后用拖拉机初压 1 ～ 2 遍后，再根据实测的松铺系数，确定纵横断面的标高，并设置标记和挂线。最后利用锹、耙按线进行整形，再用路拱板校正

成型。如果是水泥土，在拖拉机初压之后可用重型框式路拱板（由拖拉机牵引）进行整形。

⑧在整个路面整形的过程中，严禁任何车辆在上面通行，并应保持无明显的粗细集料离析现象。

（11）碾压工序

①根据路宽、压路机的轮宽和轮距的不同，制订切实可行的碾压方案，应使各部分碾压到的次数尽量相同，路面的两侧应多压 2～3 遍。

②在整形之后，当混合料中的含水量为最佳含水量（1%～2%）时，应立即用轻型压路机并配备 12t 以上压路机在结构层全宽内进行碾压。在直线和不设超高的平曲线段，应由两侧路肩向路中心碾压；在设超高的平曲线段，则应由内侧路肩向外侧路肩进行碾压。

碾压时，应重叠 1/2 轮宽，后轮必须超过两段的接缝处，后轮压完路面全宽时即为一遍。一般需要碾压 6～8 遍。压路机的碾压速度，头两遍以 1.5～1.7km/h 为宜，以后以 2.0～2.5km/h 为宜。采用人工摊铺和整形的稳定土层，宜先用拖拉机或 6～8t 两轮压路机或轮胎压路机碾压 1～2 遍，然后再用重型压路机进行碾压。

③严禁压路机在已完成的或正在碾压的路段上调头或急刹车，应保证稳定土层表面不受破坏。

④在碾压过程中，水泥稳定土的表面应始终保持湿润，如果水分蒸发过快，应及时补洒少量的水，但严禁洒大水碾压。

⑤在碾压过程中，如果出现"橡皮土"、松散、起皮等现象，应及时翻开重新进行拌和（加适量的水泥）或用其他方法处理，使其达到质量要求。

⑥经过拌和、整形的水泥稳定土，应在水泥初凝前在试验确定的延迟时间内完成碾压，并应达到要求的密实度，同时还应没有明显的轮迹。

⑦在碾压结束之前，应当用平地机再终平一次，使其纵向顺适，同时也使路拱和超高符合设计要求。终平应仔细进行，必须将局部高出部分刮除并扫出路外。对于局部低洼之处，不再进行找补，可留待铺筑沥青面层时处理。

（12）接缝和调头处理工序

①同日施工的两个工作段的衔接处，应采用搭接的方式。前一段拌和整形后，留出 5～8m 不进行碾压，后一段施工时，前段留下未压部分，应再加部分水泥重新拌和，并与后一段一起进行碾压。

②经过拌和、整形的水泥稳定土，应在试验确定的延迟时间内完成碾压。

③应当注意每天最后一段末端缝（工作缝）的处理。工作缝和调头处可按下述方法进行处理：

a.在已碾压完成的水泥稳定土层末端，沿稳定土挖一条横贯铺筑层全宽的宽约30cm的槽，一直挖到下承层的顶面；此槽应与路的中心线垂直，靠稳定土的一面应成垂直面，并放两根与压实厚度等厚、长为全宽1/2的方木紧贴其垂直面。

b.用原来挖出的素土回填槽内其余部分。

c.拌和机械或其他机械必须到已压成的水泥稳定土层上调头时，应当采取措施保护调头作业段：一般可在准备用于调头的8～10m长的稳定土层上，先覆盖一张厚质塑料布或油毡纸，然后再铺上约10cm厚的土、砂或砂砾。

d.第2天，邻接作业段拌和后，除去方木，用混合料回填。靠近方木未能拌和的一小段，应用人工进行补充拌和；整平时，接缝处的水泥稳定土应比已完成断面高出约5cm，以利于形成一个平顺的接缝。

e.整平后，用平地机将塑料布上大部分土除去（注意勿刮破塑料布），然后用人工除去余下的土，并收起塑料布。

④对纵缝的处理。水泥稳定土层的施工应该避免纵向接缝，在必须分两幅施工时，纵缝必须垂直相接，不应斜接。纵缝应按下述方法进行处理：

a.在前一幅施工时，在靠中央一侧用方木或钢模板做支撑，方木或钢模板的高度应与稳定土层的压实厚度相同。

b.混合料拌和结束后，靠近支撑木（或板）的一部分，应用人工进行补充拌和，然后再进行整形和碾压。

c.养护结束后，在铺筑另一幅之前，应拆除支撑木（或板）。

d.第二幅混合料拌和结束后，靠近第一幅的部分应用人工进行补充拌和，然后再进行整形和碾压。

（二）中心站集中厂拌法施工

①水泥稳定土可以在中心站用厂拌设备进行集中拌和。对于高速公路和一级公路，应采用专用稳定土集中厂拌机械拌制混合料。在采用集中拌和时，应符合下列要求：

a.土块应粉碎，最大尺寸不得大于15mm。

b.配料要准确，拌和应均匀。

c.水泥稳定土含水量要略大于最佳值，应使混合料运到现场摊铺后碾压时的含水量不小于最佳含水量。

d.不同粒级的碎石或砾石以及细集料（如石屑和砂）应隔离，并应分别堆放。

②当采用连续式的稳定土厂拌设备拌和时，应保证集料的最大粒径和级配符合要求。

③在正式拌制混合料之前，必须先调试所用的设备，使混合料的颗粒组成和含水量都达到规定的要求。原集料的颗粒组成发生变化时，应重新调试设备。

④在潮湿多雨地区或其他地区的雨季施工时，应采取措施，保护集料，特别是细集料（如石屑和砂等）应有覆盖，防止雨淋。

⑤应根据集料和混合料含水量的大小，及时调整加水量。

⑥应尽快将拌成的混合料运送到铺筑现场。车上的混合料应该覆盖，减少水分损失。

⑦应采用沥青混凝土摊铺机或稳定土摊铺机摊铺混合料。若下承层是稳定细粒土，则应先将下承层顶面拉毛，再摊铺混合料。

⑧拌和机与摊铺机的生产能力应互相匹配。对于高速公路和一级公路，摊铺机宜连续摊铺，拌和机的产量宜大于 400t/h。如果拌和机的生产能力较小，在摊铺机摊铺混合料时，应采用最低速度进行摊铺，减少摊铺机停机待料的情况。

⑨在摊铺机后面应设专人消除粗细集料离析现象，特别应该铲除局部粗集料"窝"，并用新拌混合料填补。

⑩宜先用轻型两轮压路机跟在摊铺机后及时进行碾压，后用重型振动压路机、三轮压路机或轮胎压路机继续碾压密实。

⑪在二、三、四级公路上，当没有摊铺机时，可采用摊铺箱摊铺混合料，也可以用自动平地机按以下步骤摊铺混合料：

a. 根据铺筑层的厚度和要求达到的压实干密度，计算每车混合料的摊铺面积。

b. 将混合料均匀地卸在路幅的中央，当路幅比较宽时，也可将混合料卸成两行。

c. 用平地机将混合料按松铺厚度摊铺均匀。

d. 设一个 3～5 人的小组，携带一辆装有新拌混合料的小车，跟在平地机的后面，及时铲除粗集料"窝"和粗集料"带"，补以新拌和的均匀混合料，或补撒拌匀的细混合料，并与粗集料拌和均匀。

⑫用平地机摊铺混合料后的整形和碾压与路拌法相同，这里不再重复。

⑬集中厂拌法施工时的横向接缝应符合下列要求：

a. 用摊铺机摊铺混合料时，不宜出现中断，若因故中断时间超过 2h，应设置横向接缝，摊铺机应驶离混合料末端。

b. 人工将末端含水量合适的混合料弄整齐，紧靠混合料放两根方木，方木的高度应与混合料的压实厚度相同；整平紧靠方木的混合料。

c. 方木的另一侧用砂砾或碎石回填约 3m 长，其高度应高出方木几厘米。

d. 将混合料按规定碾压密实。

e. 在重新开始摊铺混合料之前，将砂砾或碎石和方木除去，并将下承层顶面清扫干净。

f. 摊铺机返回到已压实层的末端，重新开始摊铺混合料。

g. 如摊铺中断后，未按上述方法处理横向接缝，而中断时间已超过 2～3h，则应将摊铺机附近及其下面未经压实的混合料铲除，并将已碾压密实且高程和平整度符合要求的末端挖成与路中心线垂直向下的断面，然后再摊铺新的混合料。

⑭应避免纵向接缝。高速公路和一级公路的基层应分两幅摊铺，宜采用两台摊铺机一前一后相隔 5～10m 同步向前摊铺混合料，并一起进行碾压。

在不能避免纵向接缝的情况下，纵缝必须垂直相接，严禁斜接，并应按下述方法处理：

a. 在前一幅摊铺时，在靠中央的一侧用方木或钢模板做支撑，方木或钢模板的高度应与稳定土层的压实厚度相同。

b. 养护结束后，在摊铺另一幅之前，应拆除支撑木（或板）。

（三）养护及交通管制

①水泥稳定土底基层分层施工时，下层水泥稳定土碾压完毕后，在采用重型振动压路机碾压时，宜养护 7d 后再铺筑上层稳定土。在铺筑上层稳定土之前，应始终保持下层表面湿润。在铺筑上层稳定土时，宜在下层稳定土的表面撒少量水泥或水泥浆。底基层养护 7d 后，方可铺筑基层。水泥稳定级配碎石（或砾石）基层用摊铺机进行摊铺时，下层分段摊铺和碾压密实后，在不采用重型振动压路机碾压时，宜立即摊铺上层，否则在下层顶面应摊铺少量水泥式水泥浆。

②每一段碾压完成并经过压实度检查合格后，应立即开始养护。

③宜采用湿砂进行湿养护，砂层厚度宜为 7～10cm。砂铺均匀后应立即洒水，并在整个养护期间保持砂的潮湿状态。不得用湿黏性土进行覆盖。养生结束后必须将覆盖物彻底清除干净。

④对于基层，也可以采用沥青乳液进行养护。沥青乳液的用量按 0.8～1.0kg/m² （指沥青用量）选用，宜分两次喷洒：第一次喷洒沥青含量约 35% 的慢裂沥青乳液，使其能稍透入基层表面；第二次喷洒浓度较大的沥青乳液。若不能避免施工车辆在

养护层上通行，则应在乳液分裂后撒布 3～8mm 的小碎（砾）石，做成下封层。

⑤当无上述条件时，也可用洒水车经常洒水进行养护。每天洒水的次数应根据气候而定。整个养护期间应始终保持稳定土层表面潮湿，应注意表层的情况，必要时用两轮压路机进行压实。

⑥对于高速公路和一级公路，基层的养护期一般不宜少于 7d。对于二级和二级以下的公路，若养护期少于 7d 就已铺筑沥青面层，则应限制重型车辆通行。

⑦对于二级和二级以下公路，若基层上为水泥混凝土面板，且面板是用小型机械施工的，则基层完成后可较早铺筑混凝土面层。

⑧在养护期间未采用覆盖措施的水泥稳定土层上，除洒水车可通行洒水外，应封闭交通。采用覆盖措施的水泥稳定土层上，不能封闭交通时应限制重车通行，其他车辆的车速不应超过 30km/h。

⑨养护期结束后，若其上为沥青面层，应先清扫基层，并立即喷洒透层或黏层沥青。在喷洒透层或黏层沥青后，宜在上面均匀撒布 5～10mm 的小碎（砾）石，用量为全铺一层用量的 60%～70%。

注：若喷洒的透层沥青能透入基层，且运料车辆和面层混合料摊铺机在上行驶不会破坏沥青膜，则可以不撒小碎（砾）石。在撒小碎（砾）石的情况下应尽早铺筑沥青面层的底面层。

在清扫干净的基层上，也可先做下封层，以防止基层干缩开裂，同时保护基层免遭施工车辆破坏，宜在铺设下封层后的 10～30d 内开始铺筑沥青面层的底面层。若为水泥混凝土面层，也不宜让基层长期暴晒，以免产生开裂。

第三节　石灰稳定土施工技术

在粉碎或原来比较松散的土（包括各种粗、中、细粒土）中掺入足量的石灰和水，经拌和、压实及养护后所得到的混合料，当其抗压强度符合规定要求时，称为石灰稳定土。石灰稳定土根据混合料中所用的原材料不同，可分为石灰土、石灰碎石土和石灰砾石土等。石灰土是指用石灰稳定细粒土得到的混合料；石灰碎石土是指用石灰稳定级配碎石（包括未筛分碎石）或天然碎石土得到的混合料；石灰砾石土是指用石灰稳定级配砂砾（砂砾中无土）或天然砂砾土得到的混合料。

一、影响石灰土结构强度的因素

影响石灰稳定土结构强度的主要因素有土质、灰质（CaO+MgO 含量）、石灰剂量、含水量、密实度、养护条件（温度和湿度）、石灰土龄期等。

1. 土质

各种成因的各类土都可以用石灰来稳定，但生产实践充分证明，具有黏性的土较好，其稳定的效果比较显著，强度相应也比较高。但土质过于黏时，不易粉碎和拌和，反而会影响稳定效果，且易形成缩裂。

黏性过小的土，难以碾压成型，稳定效果不显著。因此，塑性指数小于 12 的土不宜用石灰稳定，塑性指数大于 15 的黏性土更宜用水泥石灰综合稳定。硫酸盐类含量超过 0.8% 或有机质含量超过 10% 的土，不宜用石灰稳定。

2. 灰质

石灰应是消石灰粉或生石灰粉，对高速公路和一级公路宜采用磨细生石灰粉，并要尽量缩短石灰的存放时间。

石灰质量应符合Ⅲ级以上的技术指标，质量好（活性 CaO+MgO 含量高）的石灰，稳定效果好。若采用质量低（或存放时间过长）的石灰，为了满足石灰稳定土的技术要求，就要适当增加石灰剂量。采用磨细的生石灰作为石灰稳定土，其稳定效果要优于消石灰稳定土。

3. 石灰剂量

石灰剂量是指石灰干重占干土重的百分率。石灰剂量对石灰稳定土强度影响显著。石灰剂量较低时（3% ～ 4%），石灰主要起稳定作用，使土的塑性、膨胀性、吸水量降低，具有一定的水稳性。随着石灰剂量的增加，石灰稳定土的强度和稳定性提高，但当剂量超过一定范围时，过多的石灰在空隙中以自由灰存在，反而将导致石灰稳定土的强度下降。

石灰稳定土的最佳石灰剂量随土质不同而异，土的分散度越高则最佳石灰剂量越大。最佳石灰剂量应根据结构层的强度要求，通过混合料组成设计来确定：在一般情况下，对于黏性土及粉性土为 8% ～ 14%，对于砂性土为 9% ～ 16%。

4. 含水量

水是石灰稳定土中的重要组成部分。水能促使石灰稳定土发生一系列物理化学变化，从而形成一定的强度；施工石灰稳定土中有适量的水，既便于土的粉碎拌和与压实，又利于石灰稳定土的养护。

不同土质的石灰稳定土有不同的最佳含水量，最佳含水量需要通过标准击实试验确定，石灰稳定土的含水量以达到最佳含水量为好。所用的水应是干净可供饮用的水。

5. 密实度

石灰稳定土的强度随着其密实度的增加而增长。工程实践和试验证明，石灰稳定土的密实度每增减 1%，强度约增减 4%，而且密实的石灰稳定土其抗冻性、水稳定性也好，缩裂现象也会明显减少。

6. 养护条件

石灰稳定土的养护条件，主要是指环境温度和湿度。高温和适当的湿度对石灰稳定土强度的形成有利。这是因为温度高，物理化学反应速度快、硬化快，强度增长也快；适当的湿度为氢氧化钙结晶和火山灰作用提供了必要的结晶水。反之，温度低，强度增长慢，在负温条件下甚至不增长；湿度过大会影响新的生成物的胶凝结晶硬化，从而影响石灰稳定土强度的形成，如果湿度过小，不能满足化学反应和结晶所需的水分而影响石灰稳定土的强度。

多年的施工经验证明，在高温季节施工的石灰稳定土强度比较高，质量容易得到保证，在使用中也很少损坏。养护的湿度条件对石灰稳定土的强度也有很大影响。实践证明，在一定潮湿条件下养护，强度的形成比在一般空气中养护更好。

7. 石灰稳定土龄期

石灰稳定土强度具有随龄期增加而增长的特点。一般石灰稳定土的初期强度低，前期（1～2个月）增长速率较后期快，强度随龄期的增长大致符合指数规律。

二、石灰稳定土的一般规定

根据现行交通行业工程标准《公路路面基层施工技术细则》（JTG/T F20—2015）中的规定，石灰稳定土的一般规定如下：

①按照土中单个颗粒的粒径大小和组成，可将土分为细粒土、中粒土和粗粒土 3 种。

②石灰剂量以石灰质量占全部粗细土颗粒干质量的百分率表示，即石灰剂量 = 石灰质量 / 干土质量。

③石灰稳定土适用于各级公路的底基层，以及二级和二级以下公路的基层，但石灰土不得用作二级公路的基层和二级以上公路高级路面的基层。

④在冰冻地区的潮湿路段以及其他地区的过分潮湿路段，不宜采用石灰土做基层。当只能采用石灰土时，应采取措施防止水分浸入石灰土层。

⑤石灰稳定土层应在春末和夏季组织施工。施工期的日最低气温应在 5℃以上，并应在第一次重冰冻（-5～-3℃）到来之前 1～1.5 个月完成。稳定土层宜经历半个月以上温暖和热的气候养护。多雨地区，应避免在雨季进行石灰稳定土层的施工。

⑥在雨季施工石灰稳定中粒土和粗粒土时，应采用排除表面水的措施，防止运到路上的集料过分潮湿，并应采取措施保护石灰免遭雨淋。

⑦在石灰稳定土层施工时，应遵守下列规定：细粒土应尽可能粉碎，土块最大尺寸不应大于 15mm；配料应准确；当采用路拌法施工时，石灰应摊铺均匀；洒水、拌和应均匀；应严格控制基层的厚度和高程，其路拱横坡与面层一致。

⑧在混合料处于最佳含水量或略小于最佳含水量（1%～2%）时进行碾压，直到达到下列按重型击实试验法确定的要求压实度。

a. 对于基层。二级和二级以下公路：当用石灰稳定中粒土和粗粒土时，为 97%；当用石灰稳定细粒土时，为 93%。

b. 对于底基层。高速公路和一级公路：当用石灰稳定中粒土和粗粒土时，为 97%；当用石灰稳定细粒土时，为 95%。二级和二级以下公路：当用石灰稳定中粒土和粗粒土时，为 95%；当用石灰稳定细粒土时，为 93%。

c. 石灰稳定土层应用 12t 以上的压路机碾压。当用 12～15t 三轮压路机碾压时，每层的压实厚度不应超过 15cm；当用 18～20t 三轮压路机和振动压路机碾压时，每层的压实厚度不应超过 20cm；对于石灰稳定土，采用能量大的振动压路机碾压时，或对于石灰土，采用振动羊足碾与三轮压路机配合碾压时，每层的压实厚度可以根据试验适当增加。压实厚度超过上述规定时，应分层铺筑，每层的最小压实厚度为 10cm，下层宜稍厚。对于石灰土，应采用先轻型、后重型压路机碾压。

d. 石灰稳定土层宜在当天碾压完成，碾压完成后必须保湿养护，不使石灰稳定土层表面干燥，也不应过分潮湿。

e. 当石灰稳定土层上未铺封层或面层时，禁止开放交通；当施工中断，临时开放交通时，应采取保护措施，不使基层表面遭受破坏。

⑨当石灰稳定土基层施工时，严禁用薄层贴补的办法进行找平。

⑩在采用石灰土做基层时，必须采取措施防止表面水透入基层，同时应经历 1 个月以上的温暖和热的气候养护。

⑪石灰改善土的施工方法，可按现行交通行业工程标准《公路路面基层施工技术细则》（JTG/T F20—2015）中的有关规定执行。

⑫对于二级以下的公路，石灰稳定土基层和底基层可以采用路拌法施工。对于二级公路，宜采用路拌法或集中厂拌法拌制混合料。

⑬对于高速公路和一级公路，直接铺筑在土基上的底基层下层可以用专用稳定土拌和机进行路拌法施工，若土基上层已用石灰或固化剂处理，则底基层的下层应用集中厂拌法拌制混合料。其上的各个稳定土层都应用集中厂拌法拌制混合料并宜用摊铺机摊铺混合料。

三、石灰稳定土的材料要求

（一）土的性质和粒径

①土的性质应符合设计要求，土块要经过粉碎，土块的粒径应符合设计要求。

②塑性指数为 15 ~ 20 的黏性土以及含有一定数量的黏性土的中粒土和粗粒土均适宜用石灰稳定。当用石灰稳定无塑性指数的级配砂砾、级配碎石和未筛分碎石时，应添加 15% 的黏性土。塑性指数在 15 以上的黏性土，更适宜用石灰和水泥综合稳定。

③当塑性指数在 10 以下的亚砂土和砂土用石灰稳定时，应采取适当的技术措施或采用水泥稳定。

④对于塑性指数偏大的黏性土，应加强对土块的粉碎，粉碎后土块的最大尺寸不应大于 15mm。一般可以采用两次拌和法：第一次加部分石灰拌和后，闷放 1 ~ 2d，再加入其余的石灰，进行第二次拌和。

（二）对石灰稳定土的要求

使用石灰稳定土时应遵守下列规定：

①当石灰稳定土用作高速公路和一级公路的底基层时，颗粒的最大粒径不应超过 37.5mm；当用作其他等级公路的底基层时，颗粒的最大粒径不应超过 53mm。

②试验结果证明：当石灰稳定土用作基层时，颗粒的最大粒径不应超过 37.5mm。级配碎石、未筛分碎石、砂砾、碎石土、砂砾土、煤矸石和各种粒状矿渣等均宜用作石灰稳定土的材料。石灰稳定土中的碎石、砂砾或其他粒状材料的含量应在 80% 以上，并应具有良好的级配。

③石灰稳定土中碎石或砾石的压碎值应符合下列要求：

a. 基层：对于二级公路压碎值不大于 30%；对于二级以下公路压碎值不大于 35%。

b. 底基层：对于高速公路和一级公路压碎值不大于 35%；对于二级和二级以下公路压碎值不大于 40%。

④硫酸盐含量超过 0.8% 的土和有机质含量超过 10% 的土，不宜用石灰稳定，可用水泥稳定。

⑤应尽量缩短石灰的存放时间。石灰在野外堆放时间较长时应覆盖防潮。

⑥凡是饮用水（含牲畜饮用水）均可用于石灰稳定土的施工。

四、混合料组成设计

（一）混合料的一般规定

①通过试验选取最适宜稳定的土，确定必需的或最佳的石灰剂量和混合料的最佳含水量，在需要改善混合料的物理力学性质时，还应确定掺加料的比例。

②在采用综合稳定土时，若水泥用量占结合料总量的 30% 以下，则应按照本节中的有关技术要求进行组成设计。

③石灰稳定土的各项试验应按照现行交通行业工程标准《公路工程无机结合料稳定材料试验规程》（JTG E51—2009）进行。

（二）原材料试验

①在石灰稳定土层施工前，应取所定料场中有代表性的土样进行下列试验：颗粒分析试验；液限和塑性指数试验；击实试验；碎石或砾石的压碎值试验；有机质含量试验（必要时做）；硫酸盐含量试验（必要时做）。

②若碎石、碎石土、砂砾、砂砾土等的级配不好，宜先改善其级配。

③应检验石灰的有效钙和氧化镁含量。

（三）混合料的设计步骤

①按下列石灰剂量配制同一种土样、不同石灰剂量的混合料：

a. 用作基层。砂砾土和碎石土：3%、4%、5%、6%、7%。塑性指数小于 12 的黏性土：10%、12%、13%、14%、16%。塑性指数大于 12 的黏性土：5%、7%、9%、11%、13%。

b. 用作底基层。塑性指数小于 12 的黏性土：10%、12%、13%、14%、16%。塑性指数大于 12 的黏性土：5%、7%、8%、9%、11%。

②确定混合料的最佳含水量和最大干密度，至少做 3 个不同石灰剂量混合料的击实试验，即最小剂量、中间剂量和最大剂量，其余两个混合料的最佳含水量和最大干密度用内插法进行确定。

③按规定的压实度，分别计算不同石灰剂量的试件应有的干密度。

④按最佳含水量和计算得到的干密度制备试件。进行强度试验时，如果试验结果的偏差系数大于表中规定的值，则应重做试验，并找出原因，加以解决。若不能降低偏差系数，则应增加试件的数量。

⑤试件在规定温度下保湿养护 6d、浸水 24h 后，按照现行交通行业工程标准《公路工程无机结合料稳定材料试验规程》（JTG E51—2009）进行无侧限抗压强度试验。

⑥计算试验结果的平均值和偏差系。

⑦选定合适的石灰剂量。水泥改善土的塑性指数应不大于 6，承载比应不小于 240。

⑧工地实际采用的水泥剂量应比室内试验确定的剂量多 0.5% ～ 1.0%：当采用集中厂拌法施工时，宜增加 0.5%；当采用路拌法施工时，宜增加 1.0%。

⑨石灰稳定不含黏性土的级配碎石、未筛分碎石和级配砂砾用作高级沥青路面的基层时，碎石和砂砾的颗粒组成应符合有关级配碎石或未筛分碎石或级配砾石的级配范围，并应添加黏性土。石灰和所加土的总质量与碎石或砂砾的质量比为 1 ∶ 4 ～ 1 ∶ 5，即碎石或砾石在混合料中的质量不应少于 80%。

⑩综合稳定土的组成设计与上述步骤相同。

五、石灰稳定土的施工要点

石灰稳定土的施工方法，主要包括路拌法施工、中心站集中厂拌法施工和人工沿路拌和法施工 3 种，它们各自适用于不同的情况，具有不同的施工要点。

（一）路拌法施工

1. 工艺流程

路拌法施工石灰稳定土的工艺流程比较简单，主要工序包括准备下承层、施工放样、施工备料、运料与摊铺、拌和与洒水、整形、碾压、接缝和调头处理等。

2. 主要工序的施工

（1）准备下承层工序

1）准备下承层

当石灰稳定土用作基层时，要准备底基层；当石灰稳定土用作底基层时，要准备土基。对于石灰稳定土的下承层总的要求是：表面应平整、坚实，具有规定的路拱，没有任何松散材料和软弱处。因此，对底基层或土层，必须按照现行交通行业工程标准《公路路面基层施工技术细则》（JTG/T F20—2015）中的规定进行验收。凡验收不合格的路段，必须采取一定措施，使其达到标准后，方能在其上铺筑石灰土基层。

2）处理下承层

当石灰稳定土用作基层时，要准备底基层；当石灰稳定土用作老路面的加强层时，要准备老路面；当石灰稳定土用作底基层时，要准备土基。

①对土基不论是路堤或路堑，必须用 12 ～ 15t 三轮压路机或等效的碾压机械进行碾压检验（一般压 3 ～ 4 遍）。在碾压过程中，若发现土过于干燥、表面松散，应适当洒水；若土过于潮湿，发生"橡皮土"现象，应采用挖开晾晒、换土、掺石灰或粒料等措施进行处理。

②对于底基层应进行压实度检查，对于柔性底基层还应进行弯沉测定，凡不符合设计要求的路段，必须根据具体情况，分别采用补充碾压、换填适宜的材料、挖开晾晒等措施，使其达到设计标准。

③对于老路面，应检查其材料是否符合底基层材料的技术要求。若不符合技术要求，则应翻松老路面并采取必要的处理措施。

④底基层或老路面上的低洼或坑洞，应仔细填补及压实；搓板和辙槽应刮除；松散处应耙松洒水并重新进行碾压，以达到平整密实。

⑤对于新完成的底基层或土基，必须按照现行交通行业工程标准《公路路面基层施工技术细则》（JTG/T F20—2015）中的规定进行验收。凡验收不合格的路段，必须采取措施，使其达到标准后方可在上面铺筑石灰稳定土层。

⑥应逐个断面检查下承层标高是否符合设计要求。下承层标高的误差应符合规定。

3）做好排水工作

在槽式断面路段的两侧路肩上每隔 5 ～ 10m 的距离交错开挖泄水沟（或盲沟），以便及时排出积水，保证底基层或土基的干燥。

（2）施工放样工序

石灰稳定土路拌法施工的施工放样工序同水泥稳定土，这里不再赘述。

（3）施工备料工序

在施工备料阶段，应根据各段石灰稳定土层的宽度、厚度及预定的压实度（换算为压实密度），计算出各路段需要的干集料质量，并应根据料场集料的含水量和运输车辆的吨位，确定每车料的摊铺面积和堆放距离。

1）集料的储备

在储备集料前，应先将树木、草皮和杂土清除干净，并在预定采料深度范围内自上而下采集集料，但不宜分层进行采集，不得将不合格材料采集在一起。若分层采集集料，则应将来料先分层堆放在场地上，然后从前到后（上下层一起装入汽车），将料运到施工现场。集料中的超尺寸颗粒应予以筛除。对于塑性指数大于 12 的黏性土，可根据土质情况和机械性能确定土是否需要过筛。

2）石灰的储备

石灰应选在公路两侧宽敞而邻近水源，且地势较高的场地集中进行堆放。当预计堆放时间较长时，应用土或其他材料覆盖封存。当石灰堆放在集中拌和场地时，需要搭设防雨棚。石灰在使用前 7～10d 应充分消解，消解后的石灰应保持一定的湿度，以防止过于干燥产生飞扬，但也不能过湿成团，且消石灰宜过孔径 10mm 的筛。

（4）运料与摊铺

1）运输料物

在进行运料前，在预定堆料的下承层上，在堆料前应先洒水，使其表面保持湿润，但不应过分潮湿而造成泥泞。在同一料场供料的路段内，由远到近将料按一定距离卸置于下承层表面的中间或上侧，卸料距离应严格掌握，以避免有的路段土料不够或过多。在土料装车时，应控制每车土料的数量基本相等，以使每路段卸料均匀。料堆在每隔一定的距离留下一个缺口。土在下承层上的堆置时间不应过长，运送土宜比摊铺土工序提前 1～2d。

2）摊铺集料

在摊铺集料时，应事先通过试验确定土的松铺系数。对于能封闭交通的道路，摊铺集料应在摊铺石灰的前一天进行。摊料长度应与施工日进度相同，以次日施工需要量为准。对于不能封闭交通的道路以及雨季，应在当天摊铺集料。用平地机或其他合适的机具将集料均匀摊铺在预定的宽度上，表面应力求平整，并满足规定的路拱。在摊铺过程中，应注意将土块、超尺寸颗粒及其他杂物拣除，如果集料中有较多的土块，也应进行粉碎。

3）摊铺石灰

在摊铺石灰时，如果黏性土过干，应事先洒水进行闷料，使其含水量略小于最佳值。在人工摊铺的集料层上，用 6～8t 的两轮压路机碾压 1～2 遍，使集料层的表面平整，并具有一定的密实度。然后按计算的每车石灰的纵横间距，用石灰在集料层上做卸置石灰的标记，同时画出摊铺石灰的边线，用刮板将卸置的石灰均匀地摊开。石灰摊铺完毕后，表面应没有空白位置。然后量测石灰的松铺厚度，根据石灰的含水量和松铺密度，校核石灰用量是否合适。

（5）拌和与洒水

①对于二级及二级以上公路，要求同水泥稳定土的相关规定，只是当使用生石灰粉时，宜先用平地机或多铧犁将石灰翻到土层中间，但不能翻到底部。

②对于三、四级公路的石灰稳定细粒土和中粒土，在没有专用拌和机械的情况下，若为石灰稳定细粒土和中粒土，也可用农用旋转耕作机与多铧犁或平地机相配合拌和 4 遍：先用旋转耕作机拌和，后用铧犁式平地机将底部素土翻起，再用旋转耕作机拌和两遍，用多铧犁或平地机将底部料再翻起，并随时检查调整翻犁的深度，使稳定土层全部翻透。严禁在稳定土层与下承层之间残留一层素土，但也应防止翻犁过深、过多会破坏下承层的表面。也可以用缺口圆盘耙与多铧犁或平地机相配合，拌和石灰稳定细粒土、中粒土和粗粒土。

③若为石灰稳定加黏性土的碎石或砂砾，则应先将石灰和黏性土拌和均匀，然后均匀地摊铺在碎石或砂砾层上，再一起进行拌和。

④用石灰稳定塑性指数大的黏土，应采用两次拌和法：第一次加70%～100% 预定剂量的石灰进行拌和，闷放 1～3d，此后再补足需用的石灰，再进行第二次拌和。

（6）整形工序

石灰稳定土路拌法施工的整形工序同水泥稳定土，这里不再赘述。

（7）碾压工序

石灰稳定土路拌法施工的碾压工序同水泥稳定土，这里不再赘述。

（8）接缝和调头处理工序

1）接缝的处理

两个工作段的搭接部分，应采用对接形式。前一段拌和后，留出 5～8m 长度不进行碾压。在后一段施工时，将前段未碾压部分一起再进行拌和。这样可以使前后两段成为一个整体。

2）调头的处理

拌和机械及其他机械不宜在已压成的石灰稳定土层上调头。当必须在上面进行调头时，应采取措施保护调头部分，使石灰稳定土表层不受损坏。

3）路缘的处理

当石灰稳定土层上为薄沥青面层时，基层每边应较面层宽出 20cm 以上。在基层全宽上喷洒透层沥青或设下封层，沥青面层边缘以三角形向路肩抛出 6～10cm。当设路缘块时，必须注意防止路缘块阻滞路面表面水和结构层中的水。

4）纵缝的处理

纵缝的处理同水泥稳定土的相关要求，这里不再赘述。

5）特殊土的处理

用石灰稳定低塑限指数的砂性土和粉性土时，在碾压过程中容易起皮松散，成型比较困难，施工时需要洒大量的水，一般应分两个阶段进行碾压：第一阶段，洒水后用履带拖拉机先压 1～3 遍，使其达到初步稳定；第二阶段，待水分接近最佳含水量时，再继续用 12t 以上压路机进行压实。当缺少履带拖拉机时，洒水后应先用轻型压路机碾压两遍，然后覆盖一层素土，再继续用 12t 以上压路机压实，在养护后应将素土层清除干净。

（二）中心站集中厂拌法施工

石灰稳定土可以在中心站用多种机械集中拌和，如强制式拌和机、双转轴桨叶式拌和机等，中心站集中厂拌法是目前石灰稳定土基层施工中提倡采用的方法，有利于保证配料的准确性和拌和的均匀性。中心站集中厂拌法施工，主要可分为备料、拌制、运输、摊铺、整形与碾压等工序。

1. 备料工序

对土块要加以粉碎，最大尺寸不应大于 15mm。集料的最大粒径和级配都应符合要求，必要时应先筛除集料中不符合要求的颗粒，配料要准确，在潮湿多雨地区施工时，还应采取措施保护集料，特别是细集料和石灰应避免遭受雨淋和水浸。

2. 拌制工序

在正式拌制石灰稳定土混合料之前，必须先调试所用的厂拌设备，使混合料的颗粒组成和含水量都能达到规定的要求。当集料的颗粒组成发生变化时，应重新调试设备。应根据集料和混合料的含水量及时调整加水量，拌和要均匀。

3. 运输工序

已拌和完毕的混合料应尽量运送到铺筑现场。若运距较远、气温较高，车上的混合料应加以覆盖，以防止水分过多蒸发。

4. 摊铺工序

①可用稳定土摊铺机、沥青混凝土摊铺机或水泥混凝土摊铺机摊铺混合料；若没有上述摊铺机，也可用摊铺箱进行摊铺。在石灰稳定土层分层摊铺时，应先将下层顶面拉毛，再摊铺上层混合料。

②拌和机与摊铺机的生产能力应互相协调。当拌和机的生产能力较低时，若用摊铺机摊铺混合料，应尽量采用最低速度摊铺，以减少摊铺机停机待料的情况。

③石灰稳定土混合料摊铺时的松铺系数，应视摊铺机械类型而异，必要时，应通过试铺碾压求得。

5. 整形工序

①石灰稳定土混合料运至现场经摊铺达到预定的松铺厚度时，应立即进行初整形。在直线段，平地机由两侧向路中进行刮平；在平曲线超高段，平地机由内侧向外刮平。

②初步整形的石灰稳定土可用履带拖拉机或轮胎式压路机稳压 1～2 遍，再用平地机进行整形，并用上述压实机械再碾压一遍。

③对局部低洼处，应用齿耙将其表层 5cm 以上耙松，并用新拌的石灰稳定土混合料找补平整，再用平地机整形一次。

④在整形施工过程中，禁止任何车辆通行。

6. 碾压工序

①混合料表面整形后应立即开始压实。混合料的压实含水量应在最佳含水量的 ±1% 范围内。当因整形工序而导致表面水分不足时，应当根据实际适当洒水。

②当用 12～15t 三轮压路机碾压时，每层压实厚度不应超过 15cm；当用 18～20t 三轮压路或相应功能的滚动压路机碾压时，每层压实厚度不应超过 20cm。压实厚度如果超过上述规定时，应分层进行铺筑，每层的最小压实厚度为 10cm。

③直线段由两侧路肩向路中心碾压，超高段由内侧向外侧路肩碾压，碾压时后轮应重叠 1/2 的轮宽，后轮必须超过两段的接缝处。后轮（压实轮）压完路面全宽时，即为一遍。一般碾压 6～8 遍。压路机的碾压速度，头两遍采用 1.5～1.7km/h 为宜，以后可采用 2.0～2.5km/h，为确保路的最薄弱部位的压实质量，路的两侧可多压 2～3 遍。

④严禁压路机在已完成的或正在碾压的路上调头和急刹车，以保证石灰土

表面不受破坏。当确有必要时，应采取措施（如覆盖 10cm 厚的砂或砂砾）保护调头部分的石灰土表面。

⑤在碾压的过程中，石灰稳定土的表面应始终保持规定的湿度，如果表面水分蒸发太快，应及时补充洒水，以防止其表面出现开裂。

⑥石灰稳定土在碾压中，如果出现"弹簧"、松散、起皮等质量问题，应及时将其翻开晾晒，或者更换新混合料重新拌和碾压。

⑦在碾压结束之前，应用平地机将石灰稳定土表面再终平一次，使其纵向顺畅、路拱和超高符合设计要求。在进行终平时，必须将局部高出部分刮除，并清理出路面以外。

⑧一个作业段完成之后，应按照规定的方法和频率检查石灰稳定土的压实度。在一般情况下，开始阶段，每一作业段检查 6 次，然后用碾压遍数与检查相结合，每 1000m 为 6 ～ 10 次。若在铺下一层或工程验收之前，被检验的石灰稳定土未达到规定的压实度，必须进行返工。

⑨为保证石灰稳定土的施工质量，在施工过程中，其拌和和碾压的间隔时间不得超过 2d。

7. 养护工序

①刚压实成型的石灰稳定土底基层，在铺筑基层之前，至少在保持潮湿状态下养护 7d。养护的具体方法，可根据具体情况采用洒水、覆盖等。在整个养护期间，石灰稳定土表层不得出现忽干忽湿，每次洒水后应用两轮压路机将表层压实。

②养护期间，在未采用覆盖措施的石灰稳定土底基层上，除洒水车外，严禁其他车辆通行。

（三）人工沿路拌和法施工

对于二级以下公路的小工程或零星工程，可以采用人工沿路拌和法施工。

1. 备料工序

①将需稳定的土料按事先计算的数量运到路上分堆进行堆放，并按需要每隔一定距离留一缺口。

②将消石灰按事先计算的数量运到路上，直接卸在土堆上或卸在土堆的一旁，以便石灰与土料进行混合。

2. 拌和工序

人工沿路拌和法施工，在将石灰和土料拌和时，可根据实际分别采用筛拌法和翻拌法。

①筛拌法。当发现土料和石灰中有较大颗粒时，可将土和石灰混合或交替过孔径为 15mm 的筛，筛余土块随打碎随过筛。过筛以后，适当加水，拌和到均匀为止。

②翻拌法。当土料和石灰中没有较大颗粒时，可直接将土料和石灰先干拌 1～2 遍，然后再加入适量的水进行拌和，至少拌和 3 遍，直至拌和均匀为止。

为使混合料的水分充分均匀，可在当天拌和后堆放闷料，第 2 天再进行摊铺。

3. 摊铺工序

摊铺混合料是石灰稳定土进行碾压前的一项非常重要的基础工作，应将拌和均匀的石灰土混合料按照设计的松铺厚度摊铺均匀，以便对其进行整形和碾压。

4. 整形与碾压工序

石灰稳定土的整形与碾压，与路拌法相同，这里不再赘述。

（四）养护及交通管制

①石灰稳定土在养护期间应保持一定的湿度，但不应过湿或忽干忽湿。养护的时间在一般气候条件下不宜少于 7d。每次洒水后，应用两轮压路机将表层压实。石灰稳定土基层碾压结束后 1～2d，当其表层较干燥（如石灰土中的含水量不大于 10%，石灰粒料土中的含水量为 5%～6%）时，可以立即喷洒透层沥青，然后做下封层或铺筑面层，但初期应禁止重型车辆通行。

②养护期间，在未采用覆盖措施的石灰稳定土层上，除洒水车外，应封闭交通。在采用覆盖措施的石灰稳定土层上，当不能封闭交通时应当限制车速不得超过 30km/h，并应禁止重型卡车通行。

③养护期结束后，在铺筑沥青面层前应清扫基层并喷洒透层沥青或做下封层。如果面层是沥青混凝土，在喷洒透层沥青后，应撒布 5～10mm 的小碎（砾）石，小碎（砾）石应均匀撒布约 60% 的面积。当喷洒的透层沥青能透入基层，其上作业车辆不会破坏沥青膜时，可以不撒布小碎（砾）石。在喷洒沥青时，石灰稳定土层的上层应比较湿润。

④在石灰稳定土分层施工时，在下层石灰稳定土碾压完成后，可以立即铺筑上一层石灰稳定土，不需要专门的养护期。

第三章　水泥混凝土路面施工技术

第一节　水泥混凝土施工准备

一、施工准备的一般规定

①施工人员应充分了解并掌握设计意图和具体要求。

②应对施工现场及其附近的原材料、燃油、水资源储存及供应情况进行充分调研，收集当地气候特征、中长期天气预报、无线通信条件等与施工相关的资料。

③应根据标段施工条件、场地位置、沿线建筑物等情况，对现场施工便道、拌和站、钢筋加工场、生活与办公区等进行合理的总体布局。

④应根据路面的设计与施工质量控制水平要求、工程规模、进度工期等条件，选择适宜施工工艺、机械设备及其数量，制订施工方案和施工组织计划。

⑤应对拌和楼（机）与滑模摊铺机的操作手和各特种岗位人员进行技术培训。未经培训的人员不得上岗操作。

⑥应制订拌和楼、发电（机）站、运输车、滑模摊铺机、沥青摊铺机、三辊轴机组等大型机械设备的安全操作规程，并在施工过程中严格执行。

⑦基层、封层或夹层应验收合格，并应测量校核平面和高程控制桩，恢复路面中心、边缘等全部基本标桩，测量精度应满足现行相应规范的规定。

⑧在进场时，每批量原材料应有产品合格证。应建立能对原材料、配合比和施工质量进行检测和控制，并符合相应资质要求的工地试验室。

⑨施工现场所用发电机、线缆等应放置在无车辆、人、畜通行部位，确保用电安全。

⑩在使用填缝料、外加剂、水泥或粉煤灰、矿渣粉时，现场操作人员应按有关规定佩戴防护用具。

⑪所有施工机械、电力、燃料等操作部位，严禁吸烟和有任何明火。摊铺机、拌和楼、油库、发电站、配电站等重要施工设备上应配备消防器具，确保防火安全。

⑫所有机械设备机手不得擅离操作台，严禁用手或工具触碰正在运转的机件。非操作人员不得登机。

⑬当大型摊铺设备停放在通车道路上时，周围应设置明显的安全标志，正对行车方向应提前不少于200m引导车辆转向，夜间应以红灯示警。

二、编制施工组织设计

在公路工程正式施工前，认真、全面、科学地进行施工组织设计，是确保工程顺利进行的基础。

施工组织设计应包括下列内容：施工机械设备种类与数量组合、进场计划、操作人员与设备调配方案；路面的施工工艺流程、质量检验计划、关键工序质量控制要求；配合比的试验、检验与控制程序，计划和质检人员安排；工程计划进度网络图及直方图；原材料进场计划，水资源、油料与电力获取方式、供应计划与备用方案；劳动力进场计划；拌和站、钢筋加工场、项目部与生活区建设方案；施工便道及临时运输方案，原材料与混凝土运输道路的建设计划与施工交通管制；安全生产计划；等等。

在施工过程中，应结合工程的进度及变化情况，及时调整施工组织设计，使工程质量及进度始终处于可控状态。

摊铺现场和拌和站之间应建立快速有效的通信联络，及时进行生产调度、指挥和应急处理。

交通繁忙的路口应设立明显的标志，疏导交通。在夜间施工时，应保证施工照明，模板或基准线桩附近应设置警示灯或反光标志。

三、混凝土拌和站设置

混凝土拌和站是水泥混凝土路面施工中的主体施工设备，其设置的位置、材料的储存供应、场内道路与排水等，对混凝土路面的施工速度、质量等均有重大影响。

①混凝土拌和站的选址应防止噪声扰民和粉尘污染，距摊铺路段的最长运

输距离一般不宜大于 20km。

②混凝土拌和站应布置粗、细集料储存区，水泥或掺合料罐仓，蓄水池，搅拌生产区，工地试验室，钢筋储备库和加工场。当使用袋装水泥时，还应设置水泥库。

③混凝土拌和站的规模和场地布置应根据施工需求确定。应布置紧凑，节约用地。

④混凝土拌和站蓄水池容量应满足拌和、清洗、养护用水及洒水防尘的需要。

⑤混凝土拌和站的电力总容量应满足施工用电设备、施工照明及生活用电需要。

⑥应保证摊铺机械、运输车辆及发电机等动力设备的燃料供应。离加油站较远的工地宜设燃料储备库，并确保其储备安全。

⑦水泥和掺合料的储存和供应应符合下列规定：

a. 散装水泥和粉煤灰应使用罐仓储存。罐仓顶部应有过滤、防潮措施。不同厂家的水泥应分罐存放，更换水泥品种或厂家时应清仓再灌。粉煤灰不得与水泥混仓。

b. 罐仓中宜储备满足不少于 3d 生产需要的水泥与掺合料。水泥库应防水防潮。

⑧纤维混凝土的拌和楼应配备专用纤维均匀分散装置，并储备 1 个月的纤维用量。

⑨外加剂应设置储液罐或稀释池。储液罐、稀释池应与混凝土拌和楼外加剂计量容器的管路及沉淀池上下接通，并便于清理沉淀。

⑩集料储备应符合下列规定：

a. 施工前，宜储备不少于正常施工 10d 用量的粗、细集料；

b. 料场宜建在排水通畅的位置，底部应做硬化处理。不同规格的集料之间应设置隔离设施，并设置明显标志牌，避免混杂。

c. 应控制粗、细集料中粉尘与含泥量，并应架设顶棚，保证其含水率稳定。

⑪混凝土拌和站内的运输道路及拌和楼下均应做硬化处理，其结构和强度应满足施工车辆行驶的需要。

⑫拌和站内宜设置完善的排水设施，水泥库、备件库及集料堆场应重点进行防排水设计，拌和站四周应设置截水沟或排水沟。拌和楼应设置污水排放管沟、沉淀池或污水回收处理设备。

⑬混凝土拌和站应保持清洁，排除积水，并及时整治运输道路和停车场地，

做到整洁、标准化施工。

⑭从混凝土拌和楼清理出的混凝土残渣应集中进行利用或掩埋处理。

四、原材料与设备检查

在混凝土路面正式摊铺前，认真做好原材料与设备检查工作十分必要，也是一项不可缺少的施工准备工作。

①对于各种原材料，应将相同料源、规格、品种的原材料作为一个批次，按照现行交通行业工程标准《公路水泥混凝土路面施工技术细则》（JTG/T F30—2014）中的全部检测项目、检测频率和试验方法进行检测，检测合格并经配合比试验确认满足要求后方可使用。不合格的原材料不得进场。

②施工前应对机械设备、测量仪器、基准线或模板、机具工具及各种试验仪器等进行全面检查、调试、校核、标定，并适量储备主要施工机械的易损零部件。

五、路基沉降观测与基层检查修复

水泥混凝土路面是一种典型的刚性路面，刚性路面对下垫面、封层、基层与路基垂直沉降、平面拉伸收缩变形的要求，比沥青柔性路面要严格得多。因此，路基沉降观测与基层检查修复，是水泥混凝土路面施工准备的一项重要内容。

①施工前应对桥头、软土地基、高填方、填挖方交界等处的路基段进行连续沉降观测，当发现局部路基段沉降尚未稳定时，不得对该段面层进行施工。

②在进行水泥混凝土面层施工前，应提供足够连续施工7d以上的合格基层，并应严格控制表面高程和横坡。

③局部破损的基层应按下列规定进行修复：

a. 对于存在挤碎、隆起、空鼓等病害的基层，应清除病害部位，并使用相同的基层料重新铺筑。

b. 当基层产生非扩展性温缩、干缩裂缝时，可先采用灌沥青密封防水，再采用土工合成材料进行防裂处理。

c. 对于局部开裂、破碎的部位，应局部全厚度挖除，并采用贫混凝土修复。

六、混凝土道路夹层与封层施工

夹层和封层的检测与修整，是水泥混凝土路面施工准备的一项重要内容。

它对防止水泥混凝土路面路基产生垂直不均匀沉降，对在运营中减少唧浆、唧泥、脱空和错台，对提高水泥混凝土路面的支撑稳固性和使用年限，均起着非常重要的作用。

①沥青混凝土夹层、热沥青表面处置封层与乳化沥青稀浆封层的施工及质量标准，应符合现行交通行业工程标准《公路沥青路面施工技术规范》（JTG F40—2004）的相关规定。

②土工布封层的施工应符合现行交通行业工程标准《公路土工合成材料应用技术规范》（JTG/T D32—2012）的相关规定。

③薄膜封层的铺设施工应符合下列规定：

a. 在施工前，应清除基层表面的浮土、碎石等杂物，然后再铺设薄膜。

b. 封层铺设应完全覆盖基层表面，不得漏铺，并应做到平整、顺直，避免褶皱。一布一膜型复合土工膜或单面复合塑料编织布封层铺设应使膜面朝上，布面紧贴基层。

c. 在封层搭接时，纵向搭接长度不应小于500mm，横向搭接宽度不应小于300mm。当采用黏结方式连接时，纵向黏结长度不应小于200mm，横向黏结宽度不应小于150mm。重叠部分，沿纵坡或横坡下降方向高程较大一侧，封层应在上方。

d. 纵坡大于5.0%路段和设超高的弯道封层宜采用二布一膜型复合土工膜，平曲线上宜采用折线形式铺设。

e. 薄膜封层宜与基层表面粘贴固定。

f. 应对铺设好的封层进行保护，损坏的封层应及时进行修补。

g. 封层铺设应在面层施工模板或基准线安装前完成。

④薄膜封层铺设质量检验应符合下列规定：薄膜封层铺设搭接偏差、宽度偏差不得超过规定值的20%；因施工产生最大破口长度不得超过60mm；每10㎡范围内长度超过20mm的破口数量不得超过3个；所有破口均应贴补修复或更换新封层。

七、混凝土面层试验路段的铺筑

按我国现行规范的要求，在水泥混凝土面层大面积施工前应铺筑长度不小于100m的水泥混凝土面层试验路段，通过试验路段对施工整个过程的人、机、物、料的配给、使用和管理进行评价和总结，制定出一套科学的施工管理体系，并对施工技术、施工工艺、现场质量保证措施等细节进行经验总结和数据收集，综合试验路段施工过程中的成功经验和存在的缺陷，以及采取的补救措施，确定最佳施工方案来指导后期施工。

混凝土面层试验路段的铺筑应遵守以下规定：

①对于二级及二级以上公路，在水泥混凝土面层施工前，应制订试验路段的施工方案和质量检测计划，并应铺筑试验路段。其他等级公路在施工前也应铺筑试验路段。试验路段长度不应短于100m，高速公路、一级公路宜在主线路面以外进行试铺。

②试验路段铺筑应达到以下目的：确定拌和楼的拌和参数、实际生产能力和配料精度；检验混凝土的施工性能、技术参数和实测强度；检验铺筑机械、工艺参数及其与拌和能力匹配情况；检验施工组织方式、质量控制水平和人员配备。

③拌和楼应通过动、静态标定检验合格后方可试拌。试拌应确定下列内容：每座拌和楼的生产能力、施工配合比的配料精度，以及全部拌和楼（机）的总产量；计算机拌和程序及粗细集料含水率的反馈控制系统是否满足要求；合理投料顺序和时间、纯拌和与总拌和时间；混凝土拌合物的坍落度、VC值、含气量等工艺参数；混凝土试件弯拉强度是否满足要求。

④用于试验段的拌和楼（机）试拌合格后方可进行试验路段的铺筑。

⑤在试验路段进行铺筑时，应完成以下工作：验证主要铺筑设备的工艺性能、质量指标和生产能力是否满足要求，辅助设备的配备是否合理、适用，模板架设固定方式或基准线设置方式是否能够保证高程和厚度控制要求；实测试验路段的松铺系数、摊铺速度、振捣时间与频率、滚压遍数、碾压遍数、压实度、拉杆与传力杆置入精度、抗滑构造深度、摩擦系数、接缝顺直度等；验证施工各工艺环节操作要领，确定各关键岗位的作业指导书；检验施工组织形式和人员编制；检验通信联络、生产调度指挥及应急管理系统是否满足施工组织要求。

⑥试验路段铺筑后，应按现行交通行业工程标准《公路水泥混凝土路面施工技术细则》（JTG/T F30—2014）的面层质量检验项目、技术要求和检查方法进行全面质量评定，并应符合下列规定：应提交试验路段的检查结果总结报告，报告中应包括试铺路段所采用的工艺参数、检验结果、存在的问题及改进措施，并应对正式施工时拟采用的施工参数提出明确的指导书；水泥混凝土路面试验路段应经过建设单位组织的对各项施工质量指标的复检和验收，完全合格后，经批准，方可投入正式铺筑施工；符合现行交通行业工程标准《公路水泥混凝土路面施工技术细则》（JTG/T F30—2014）中各项质量技术要求的施

工工艺、流程和参数，应固化为标准化的施工工艺模式，并贯穿于施工全过程；当试验路段质量检验评定不合格，或未能达到预期目标时，应重新铺筑试验路段。

第二节　水泥混凝土滑模摊铺机施工技术

水泥混凝土面层的铺筑方法很多，目前在公路工程中应用较广泛的有滑模机械铺筑、三辊轴机组铺筑、轨道摊铺机铺筑和小型机组铺筑等。滑模摊铺技术自 1991 年开始引入我国，经过多年的研究与实践，现已成为我国在高等级公路水泥混凝土路面施工中广泛采用的工程质量最高、施工速度最快、装备最现代化的高新技术。

滑模摊铺机是机械化施工中自动化程度很高的一种方法，它具有现代化的自控高速生产能力，与轨道式摊铺机施工不同，滑模式摊铺机不需要人工设置模板，其模板就安装在摊铺机上。滑模摊铺机在运转过程中将摊铺路面的各道工序，即铺料、振捣、挤压、熨平、设置传力杆等一气呵成，当滑模摊铺机经过之后，即形成一条规则成型的水泥混凝土路面，并可达到较高的路面平整度要求，特别是整段路的宏观平整度更是其他施工方式所无法达到的。

滑模摊铺机是一种由螺旋杆及刮板将混凝土按要求高度摊铺之后，用振动器、振捣棒、成型板、侧板捣固，用刮板、修边器进行修整的连续摊铺的路面施工机械。滑模摊铺机集布料、摊铺、密实和成型、抹光等功能于一体，结构紧凑，行走方便，由于采用电液伺服调平系统或液压随动调平系统，所以操作简单、轻便。

一、滑模摊铺机施工的一般规定

①滑模摊铺工艺适用于高速、一级、二级公路普通水泥混凝土面层、配筋混凝土面层、纤维混凝土面层、钢筋混凝土桥面、隧道混凝土面层、混凝土路缘石、路肩石及护栏等的滑模施工。

②当采用滑模摊铺机在基层上行走的铺筑方案时，基层侧边缘到滑模摊铺面层边缘的宽度不宜小于 650mm。

③传力杆和胀缝拉杆钢筋宜采用前置支架法施工，也可以采用滑模摊铺机配备的自动插入装置（DBI）施工。

④滑模摊铺机施工应加强混凝土运输组织，保证供料速度与摊铺速度相适

应，避免发生料多废弃或等料停机现象。

⑤在滑模摊铺施工中，伤亡事故往往发生在前方和搓平辅助作业的工人，所以滑模铺筑施工应编制安全生产作业指导书。

⑥上坡纵坡大于 5%、下坡纵坡大于 6%、半径小于 50m 或超高超过 7% 的路段，不宜采用滑模摊铺机进行摊铺。

二、滑模摊铺机施工的设备选择

滑模摊铺机施工技术是当今世界上最先进的水泥混凝土路面施工技术，是水泥混凝土路面施工技术的一场革命。根据现行交通行业工程标准《公路水泥混凝土路面施工技术细则》（JTG/T F30—2014）中的规定，在选择滑模式摊铺机设备时，应当注意以下方面：

①滑模摊铺机的选择应根据路面结构形式、路面板块划分等因素，并参考滑模摊铺机的性能确定。

②高速公路、一级公路宜选配能一次摊铺不少于 2 个车道宽度的滑模摊铺机。二级公路路面的最小摊铺宽度不得小于单个车道设计宽度。硬路肩宜选配可连体摊铺路缘石的中、小型多功能滑模摊铺机。

③从确保面层施工的提浆厚度和平整度的角度考虑，在选用滑模摊铺机摊铺水泥混凝土路面时，摊铺机应配备自动抹平板装置。

④滑模摊铺机械系统应配套齐全，辅助设备的数量及生产能力应满足铺筑进度的要求，可按下列要求进行配备：

a. 当滑模铺筑无传力杆水泥混凝土路面时，混凝土布料应使用轻型挖掘机或推土机。

b. 当滑模铺筑连续配筋混凝土路面、钢筋混凝土路面、桥面和桥头搭板，路面中设传力钢筋支架、胀缝钢筋支架时，混凝土布料应采用侧向上料的布料机或供料机。

c. 水泥混凝土路面应采用刻槽机制作宏观抗滑构造。

d. 水泥混凝土路面面层切缝可使用软锯缝机、支架式硬锯缝机或普通锯缝机。

三、滑模摊铺机施工前的准备

滑模摊铺机摊铺水泥混凝土路面的全过程都由机械按设定的参数自动完成。为保证工程施工质量，延长路面的使用寿命，滑模摊铺机施工前的准备工作显得尤为重要。

①摊铺段夹层或封层的质量应检验合格，对于破损或缺失的部位，应及时进行修复。表面应清扫干净并洒水湿润，并采取防止施工设备和车辆破坏封层的措施。

②应检查并平整滑模摊铺机的履带行走区。行走区应坚实，不得存在湿陷等病害，并应清除砖、瓦、石块、废弃混凝土块等杂物。当履带行走部位基层存在斜坡时，应提前整平。

③在正式摊铺前应检查并调试施工设备。滑模摊铺机首次作业前，应挂线对其铺筑位置、几何参数和机架水平度进行设置、调整和校准，满足要求后方可用于摊铺作业。

④在横向连接摊铺前，前次摊铺路面纵向施工缝的溜肩胀宽部位应切割顺直；拉杆应校正扳直，缺少的拉杆应钻孔锚固植入。

⑤在横向连接摊铺时，纵向施工缝的上半部缝壁应按设计涂覆隔离防水材料。

⑥在滑模摊铺面层前，应准确架设基准线。基准线的架设与保护应符合下列规定：

a.当滑模摊铺高速公路、一级公路时，应采用单向坡双线基准线；横向连接摊铺时，连接一侧可依托已铺成的路面，另一侧设置单线基准线。

b.当滑模整体铺筑二级公路的双向坡路面时，应设置双线基准线。滑模摊铺机底板应设置为路拱形状。

c.基准线桩纵向间距直线段不宜大于 10m，桥面铺装、隧道路面及竖曲线和平曲线路段宜为 5～10m，大纵坡与急弯道可加密布置，基准线桩最小距离不宜小于 2.5m。

d.基层顶面到夹线臂的高度宜为 450～750mm，基准线桩夹线臂夹口到桩的水平距离宜为 300mm，基准线桩应固定牢固。

e.单根基准线的最大长度不宜大于 450mm，架设长度不宜大于 300mm。

f.基准线宜使用钢绞线，当采用直径 2.0mm 的钢绞线时张线拉力不宜小于 1000N，当采用直径 3.0mm 的钢绞线时张线拉力不宜小于 2000N。

g.基准线设置后，应避免扰动、碰撞和振动。多风季节施工时，宜缩小基准线桩间距。

⑦架设完成的基准线，不得存在眼睛可见的拐点及下垂，并应逐段校验其顺直度及张紧度。

⑧在进行摊铺的过程中，应按下列规定对板厚进行校验：

a. 采用垂直于两侧基准线的横向拉线，用直尺或加垂头的方法，对预备摊铺路段的板厚进行复核测量。

b. 单车道铺筑时一个横断面横向应测不少于 3 个点，双车道及全幅摊铺时应测不少于 5 个点，纵向每 200m 应测不少于 10 个断面。

c. 横断面板厚测量值的算术平均值不应薄于设计板厚，极小值不应薄于质量控制极值。

d. 纵向以 200m 为单元，全部板厚总平均值不应薄于设计板厚。

⑨当顺直度、张紧度或板厚不满足要求时，应重新测量架设的基准线。

⑩当面层传力杆、胀缝钢筋采用前置支架法施工时，应在表面先准确安装和固定支架，保证中缩缝切割位置位于传力杆中部，且不会因布料、摊铺而导致推移。支架可采用与锚固入基层的钢筋焊接等方法固定。

⑪边缘补强钢筋的安装应符合下列规定：

a. 应按照设计图纸的要求加工焊接边缘补强钢筋支架。

b. 边缘补强中部底筋与封层表面距离宜为 30 ~ 50mm；两端弯起筋与面层表面的距离不宜小于 50mm，外侧钢筋到板边的距离宜为 100 ~ 150mm。

c. 可采用在封层或夹层上钻孔，钉入架立锚固钢筋，再将边缘补强钢筋支架与架立锚固钢筋焊接的方式固定边缘补强钢筋。

d. 边缘补强钢筋两端弯起处应各有不少于 2 根锚固钢筋与支架相焊接，其他部位每延米不宜少于 1 根锚固钢筋。

⑫角隅钢筋安装应符合下列规定：

a. 钢筋混凝土搭板与桥面钝角角隅补强钢筋宜加工成网片状，发针状角隅补强钢筋片宜采用焊接制成。

b. 发针状角隅补强钢筋安装位置应根据设计图纸确定，且距两锐角边距离不宜小于 50mm。

c. 钢筋片与基层锚固点不宜少于 5 个。

四、滑模摊铺机施工的铺筑工艺

①在混凝土正式摊铺前，应对摊铺机进行全面性能检查和正确的施工位置参数设定。摊铺机各工作机构施工位置参数的正确设定，是滑模摊铺机摊铺技术中最关键的技术环节，也是摊铺机调试当中最主要的内容。滑模摊铺机的施工位置参数设定及校准应符合下列规定：

a.振捣棒应均匀排列，间距宜为 300～450mm，混凝土摊铺厚度较大时应采用较小的间距，两侧最边缘振捣棒与摊铺边缘的距离不宜大于 200mm，振捣棒下缘位置应位于挤压底板最低点以上。

b.挤压底板前倾角宜设置为 3°，提浆夯板的位置宜在挤压底板前缘以下 5～10mm。

c.边缘超铺高度应根据混凝土拌合物的稠度确定，宜为 3～8mm；当板厚较厚、坍落度较小时，边缘超铺高度宜采用较小值。

d.搓平梁前沿宜调整到与挤压底板后沿高程相同的位置；搓平梁的后沿应比挤压底板后沿低 1～2mm，并与路面的高程相同。

e.符合铺筑精度要求的摊铺机设置应加以固定和保护。当基底高程等摊铺条件发生变化、铺筑精度超出范围时，可由操作手在行进中通过缓慢微调加以调整。

②滑模摊铺混凝土机前布料，应采用机械完成，布料高度应均匀一致，不得采用翻斗车直接卸料的方式。布料尚应符合下列规定：

a.卸料、布料速度应与摊铺速度协调一致，不得局部或全断面缺料。当发生缺料时，应立即停止摊铺。

b.当采用布料机进行布料时，布料机与滑模摊铺机之间施工距离宜为 5～10m；当现场施工环境温度较高、蒸发率较大时，宜采用较小值。

c.当混凝土拌合物坍落度在 10～30mm 时，布料松铺系数宜为 1.08～1.15。

d.应保证滑模摊铺机前的料位高度位于螺旋布料器叶片最高点以下，最高料位高度不得高于松方控制板上缘。在使用布料犁进行布料时，应按松方高度严格控制料位高度。

e.当面层传力杆、胀缝与隔离缝钢筋采用前置支架法施工时，不得在支架顶面直接卸料。传力杆以下的混凝土宜在摊铺前采用手持振捣棒振实。

③在滑模摊铺机起步时，应首先开启振捣棒，在 2～3min 内调整振捣到适宜的振捣频率，使进入挤压底板前缘的混凝土拌合物振捣密实，无大气泡冒出破灭，方可开动滑模摊铺机平稳推进摊铺。当天摊铺施工结束，摊铺机脱离混凝土拌合物后，应立即关闭振捣棒组。

④在摊铺的过程中，应随时调整松方高度板位置控制摊铺机进料，保证进料充足。在起步时宜适当调高，在正常摊铺时宜保持振捣仓内料位高于振捣棒顶面 100mm 左右，料位高低波动宜控制在 ±30mm 之内。

⑤滑模摊铺机应缓慢、匀速、连续不间断地作业。摊铺速度应根据混凝土拌合物稠度、板的厚度、布料能力、振捣排气效果等确定，可在 0.75～2.5m/min

范围内选择，最常用的摊铺速度在 1m/min 左右。

⑥当采用滑模摊铺水泥混凝土面层时，严禁快速推进、随意停机与间歇摊铺。

⑦滑模摊铺的振捣频率应根据面板厚度、摊铺速度和混凝土工作性确定，以保证混凝土拌合物不发生过振、欠振或漏振。振捣频率可在 100 ～ 183Hz 范围内调整，宜为 150Hz。

⑧可根据混凝土拌合物的稠度大小，采取调整摊铺的振捣频率或摊铺速度等措施，保证摊铺质量稳定。当混凝土拌合物稠度发生变化时，宜先采取调整振捣频率的措施，后采取改变摊铺速度的措施。

⑨当配备振动搓平梁时，摊铺过程中搓平梁前方砂浆卷直径宜控制在 100mm±30mm，并应避免砂浆卷中断、散开或摊展。

⑩应通过控制抹平板压力的方法，使其底部不小于 85% 长度接触新铺混凝土表面。

⑪在开始摊铺的 5 ～ 10m 内，应在铺筑行进中对摊铺出的路面高程、边缘厚度、中线、横坡度等参数进行复核测量，必要时可缓慢微调摊铺参数，保证路面摊铺质量。

⑫滑模摊铺推进应匀速、平稳，滑出挤压底板或搓平梁的混凝土拌合物表面应平整、无缺陷，两侧边角应为 90°，光滑规则，无塌边溜肩，表层砂浆厚度不宜大于 3mm。除露石混凝土路面外，滑模摊铺水泥混凝土面层表面不应裸露粗集料。

⑬滑模摊铺采用传力杆插入装置（DBI）设置传力杆与拉杆时，应符合下列规定：

a. 应安排专人负责中横向缩缝位置，应一次振动插入整排全部传力杆。

b. 在插入传力杆时，应缓慢插入，防止快速插入导致阻力过大使滑模摊铺机整体抬升。

c. 拉杆插入装置应根据一次摊铺的车道数和设计选用，与未摊铺水泥混凝土面层连接的拉杆应采用侧向拉杆插入装置插入，两个以上车道摊铺，在摊铺范围内的拉杆应采用拉杆压入装置压入。

d. 中央拉杆可自动定位或手工操作在规定的位置插入，应一次插入到位。

e. 边缘拉杆应一次插入到位，不得在脱模后多次插入或手工反复打进。插入就位的拉杆应妥善保护，避免拉杆与混凝土黏结丧失。

⑭在摊铺上坡路段时，挤压底板前仰角宜适当调小，并应适当调小抹平板

压力；在摊铺下坡路段时，挤压底板前仰角宜适当调大，并应适当调大抹平板压力。

⑮在摊铺小半径水平弯道时，弯道外侧的抹平板到摊铺边缘的距离应向内调整，两侧的加长侧模应采用可水平转动的铰连接，不得采用固接。

⑯抗滑纹理做毕，应立即开始保温养护。养护的龄期不应少于 5d，且混凝土强度满足要求后，方可连接摊铺相邻车道面板。当履带在新铺筑的面层上行走时，钢履带底部应铺橡胶垫履带的摊铺机。纵缝横向连接高差不应大于2mm。

⑰摊铺中应经常检查振捣棒的工作情况和位置。当路面面层出现条状麻面现象时，应停机检查振捣棒是否损坏；当振捣棒损坏时，应及时进行更换；当摊铺面层上出现发亮的砂浆条带时，应检查振捣棒位置是否异常；当振捣棒位置出现异常时，应将振捣棒调整到正常位置。

⑱当摊铺宽度大于 7.5m 时，应加强左右两侧混凝土拌合物工作性检查。当发现不一致时，摊铺速度应按偏干一侧进行微调，并采取将偏稀一侧的振捣棒频率调小等措施，避免局部出现过振。当拌合物严重离析或离散时，应停止摊铺，废弃已拌和混合料，查找并解决问题后，再重新开始摊铺。

⑲在不影响路面总体耐久性的前提下，可采取调整混凝土拌合物稠度、挤压底板前仰角、起步及摊铺速度等措施，减少水泥凝土面层横向拉裂现象。

⑳当滑模摊铺机等料时间预计会超过运至现场混凝土的初凝时间时，应将滑模摊铺机迅速开出摊铺工作面，制作横向施工缝。

㉑当采用滑模摊铺时，应保证自动抹平板装置正常工作。局部麻面或少量缺料部位，可在搓平梁前补充适量的混凝土拌合物，利用搓平梁与抹平板修平表面。

㉒当滑模摊铺的水泥混凝土面层纵缝边缘出现局部倒边、塌边、溜肩现象，或表面局部存在小缺陷时，可用人工进行局部修整。修整作业应符合下列规定：

a. 进行局部修整后应精确整平，整平用抄平器的长度不应短于 2m。

b. 面层边缘应采用设置侧模或在上部支方形金属管，控制修整时的变形。

c. 当纵、横向施工接头处存在明显高差时，可在整平后采用手持振捣棒振捣密实和水准仪测量，整平用抄平器的长度不应短于 3m。

d. 当表面修补作业需要补料时，可使用从摊铺混凝土拌合物中筛出的细料，不得采用洒水、撒水泥粉的方法。

e. 不得采用薄层贴补的方法进行表面修补。

㉓在摊铺机开出后，应丢弃摊铺机振动仓内遗留下的水泥砂浆，及时清洗、清除滑模摊铺机中的混凝土残留物。

㉔横向施工缝可采用架设端模板的方法施作，并宜与胀缝或隔离缝合并设置，当无法与胀缝合并设置时，应与缩缝合并设置。横向施工缝部位应满足面层平整度、高程、横坡的质量要求。

㉕施工缝端部两侧可采取架设侧模的方法，使侧边向内收进 20～40mm，以方便后续连续摊铺。侧边向内收进长度宜比滑模摊铺机侧模板略长。

㉖当滑模摊铺机配套传力杆自动插入装置（DBI）时，应通过试验路段采用非破损方法对传力杆插入深度进行校准，施工中应进行传力杆精度复核。检测可使用钢筋保护层厚度测试仪或专用传力杆位置检测仪进行。

五、钢筋混凝土面层的铺筑工艺

①在钢筋混凝土、连续配筋混凝土面层铺筑前，应按设计图纸准确放样，标示出路面钢筋、路面板块、地锚梁和接缝等位置。

②钢筋的加工应符合下列规定：

a. 钢筋焊接和绑扎应符合国家现行相关标准中的规定。

b. 钢筋混凝土面层宜采用集中预制的钢筋网，其长度、宽度应符合设计的要求，其质量应符合国家现行相关标准中的规定。

c. 现场宜采用焊接方法制作钢筋网，其钢筋直径、间距应符合设计图纸的要求。

d. 在钢筋下料时，应严格控制钢筋的尺寸，保证钢筋网的整体尺寸符合要求。

③钢筋宜采用预先架设方式进行安装，并应符合下列规定：

a. 钢筋的安装高度应符合设计要求及现行交通行业工程标准《公路水泥混凝土路面设计规范》（JTG D40—2011）的规定。

b. 在水泥混凝土面层设置双层钢筋时，应严格控制钢筋保护层的厚度。

c. 钢筋混凝土面层缩缝传力杆与拉杆可借助钢筋网安装，应严格控制传力杆的位置，其端部不得顶推钢筋。

d. 钢筋网应采用钢筋支架架设，不得使用垫块架设，支架钢筋应保证钢筋在布料、摊铺时不会因混凝土拌合物堆压而产生下陷、移位，其数量宜为 4～6 个 / ㎡。

e. 钢筋网宜采用焊接方式与支架钢筋连接。

f. 在两端采用地锚梁的单、双层连续配筋混凝土面层安装预制钢筋支架时，应采用钻孔锚固的方式与基层固定，支架钢筋锚入基层内的深度不宜小于70mm。

④在正式摊铺前，应检验安装好的钢筋及钢筋骨架，在确认钢筋加工合格，安设位置符合要求，架设牢固可靠，无贴地、隆起、变形、移位、松脱和开焊等现象后方可开始滑模摊铺施工。

⑤钢筋混凝土、连续配筋混凝土面层应采用布料机或上料机进行供料与布料，并保证安装完毕的钢筋不被混凝土或布料机压垮、变形或贴底。严禁任何机械在已安置好的钢筋上行走、碾压。

⑥单层配筋的钢筋混凝土面层可采用两次布料的方式，在两次布料间隙应安置钢筋网。连续配筋混凝土面层应采用钢筋支架预设安装，整体一次机械布料。

⑦混凝土拌合物应卸在布料机的料斗或上料机的料箱内，再由机械从侧边运送到位。钢筋上的混凝土拌合物堆应尽快布匀。

⑧当混凝土的坍落度相同时，钢筋混凝土的松铺厚度宜比水泥混凝土面层大 10mm，滑模摊铺机行走速度宜适当降低，并宜采取用人工振捣的方法，在摊铺前振实钢筋网以下的混凝土。

⑨当利用滑模摊铺机摊铺钢筋混凝土、连续配筋混凝土面层时，振捣棒的横向间距宜为 250～350mm。板厚大、料偏干，用较小值；反之，用较大值。振捣棒的频率不宜低于 167Hz。应准确控制振捣棒的位置，避免振捣棒碰撞或扰动钢筋。

⑩钢筋混凝土或连续配筋混凝土的施工缝宜设置在横缝位置或连续钢筋端部处，不应在钢筋网内或连续铺筑的整条钢筋内中断摊铺。

⑪在摊铺钢筋混凝土面层时，应在缩缝位置处做出明显标记，保证纵、横缩缝切缝位置的准确性。

⑫连续配筋混凝土面层宜整体摊铺，按车道的宽度切纵缝。当不具备横向整幅摊铺条件时，宜进行设计变更，按照等强互换原则设置纵缝拉杆。

⑬连续配筋混凝土路面地锚梁的施工，除应符合现行交通行业工程标准《公路桥涵施工技术规范》（JTG/T 3650—2020）的规定外，尚应符合下列规定：

a. 应按照设计位置、尺寸和数量开挖地锚梁槽，并避免出现超挖，当超挖量较多时应在混凝土浇筑前对超挖部位进行修补。

b. 地锚梁中伸出的钢筋应与面层的钢筋相焊接，地锚梁混凝土应采用振捣棒分层振捣密实，并与面层浇筑成一个整体。

c.地锚梁与面层混凝土合拢温度宜为20～25℃,或者在年平均气温时合拢。

⑭连续配筋混凝土路面宽翼缘工字钢梁的施工,除应符合现行交通行业工程标准《公路桥涵施工技术规范》(JTG/T 3650—2020)的规定外,尚应符合下列规定。

a.应按照设计图纸枕垫尺寸在基层上挖槽,安装钢筋骨架,浇筑钢筋混凝土枕垫。

b.在安装并焊接宽翼缘工字钢后,方可摊铺两侧的混凝土面层。

c.面层端部与工字钢内连接部位应以胀缝填缝料填塞。

⑮连续配筋混凝土路面伸缩缝的施工,可采用软做、硬切、预留间隙等方法。

⑯当采用软做法施工伸缩缝时,应在伸缩缝位置安装工作缝端模,端模应在每根纵向钢筋位置处钻孔,并将钢筋伸出端模。端模附近的混凝土应采用振捣棒振捣密实,并抹平到平整度满足要求。在拆除端模时,应避免造成边角损坏。

⑰当采用硬切法施工伸缩缝时,可先摊铺伸缩缝位置,待第2天摊铺前,切割并凿除伸缩缝位置的硬化混凝土,切割混凝土不得啃边和造成边角损坏,钢筋下部的混凝土应凿除到底,切割顺直度与垂直偏斜均不应超过10mm。

⑱当采用预留间隙法时,间隙两侧应架设两个工作缝端模,间隙宽度应满足设计型号伸缩缝安装预留宽度的要求,并宜在当地年平均气温时浇筑混凝土合拢。

六、纤维混凝土面层的铺筑工艺

纤维增强混凝土简称纤维混凝土,指在混凝土基体中掺入均匀分散的短纤维而组成的一种复合材料。目前,纤维混凝土材料主要分为钢纤维混凝土和合成纤维混凝土两大类。纤维混凝土面层的施工不同于水泥混凝土,在某些工艺上比水泥混凝土更复杂,因此在施工中应严格遵守现行规范中的有关规定。

①当纤维混凝土拌合物凝结时间不能满足施工作业时间要求时,可采取在配合比中掺加缓凝剂或调整现有配合比中缓凝剂掺量等措施延长凝结时间。

②纤维混凝土面层布料与摊铺,除应满足滑模摊铺水泥混凝土面层要求外,尚应符合下列规定:

a.所采用的机械布料与摊铺方式,应能保证混凝土面层内纤维分布的均匀性、连续性。

b.布料松铺高度应通过试验确定,混凝土拌合物坍落度相同时宜比相同机械施工方式的水泥混凝土面层松铺高度高10mm。

c.在浇筑和摊铺过程中应严格控制混凝土的配合比,不得因混凝土拌合物工作性不足调整混凝土的用水量，可采用表面喷雾措施减少表层蒸发的影响。

d. 在新摊铺混凝土中若发现纤维结团应立即剔除。

e. 在一块面板内的混凝土浇筑和摊铺不得出现中断。

③纤维混凝土面层的振捣与整平，是确保路面施工质量的关键工序。施工中应符合下列规定：

a. 滑模摊铺机在铺筑纤维混凝土面层时，所用振捣棒的振捣频率不宜低于167Hz。

b. 每根振捣棒底缘应严格控制在面层表面位置以上，不得插入路面纤维混凝土内振捣。

c. 整平后的纤维混凝土面层表面，不得使用裸露直立、上翘的钢纤维。

d. 在铺筑纤维混凝土面层时，应开启滑模摊铺机提浆夯实杆或搓平梁，以便将混凝土拌合物中的纤维压入或揉搓进表面砂浆层之内。

④纤维混凝土面层宏观抗滑构造应使用刻槽方式，微观抗滑纹理可使用拖麻袋等软拉方式制作。在软拉制作微观抗滑纹理时，不得拖出混凝土中的纤维或留下纤维拖行的棱槽。

七、桥面混凝土滑模摊铺机铺装

桥面混凝土滑模摊铺技术是现代机械、自动控制、电子计算机、材料科学和高速公路施工组织管理高度集成的一种施工技术，它能最大限度地提高混凝土路面的强度和平整度，同时它也是保证桥面质量和耐久性的一项重要技术。桥面钢筋混凝土铺装层与水泥混凝土路面相比，厚度薄得多，是整个公路带状构造物中较为薄弱的部位，也是最早损坏、必须经常返修的部位。

①桥面混凝土采用滑模摊铺机摊铺时，应根据桥面铺装结构和对材料的要求，合理选择摊铺设备，宜采用与相邻路面水泥混凝土相同的滑模摊铺机，连续进行摊铺。必要时，应对滑模摊铺机在桥梁上铺筑时的结构安全性进行验算。

②在桥面混凝土铺筑前，应按设计要求完成桥面铺装钢筋的安装。钢筋宜采用焊接连接，不宜采用绑扎连接。不得因摊铺宽度不足或设置施工缝而切断纵、横向钢筋。

③桥面铺装层中的钢筋应按设计与预留钢筋进行连接。用于支撑桥面铺装钢筋网的架立钢筋数量宜为 4～8 根/㎡，在梁端或支座部位剪应力较大处宜取大值。

④滑模摊铺机履带上、下桥的台背阶梯部位应提前铺设混凝土坡道，长度

不宜短于钢筋混凝土搭板。混凝土坡道应振捣密实，强度应满足摊铺机行走的需要。

⑤当采用滑模摊铺机连续摊铺路面、过渡板、搭板与桥面时，基准线设置应符合下列规定：

a.设置在路面、过渡板、搭板与桥面两侧的基准线应连续顺直。

b.桥面铺装时的基准线桩可与桥梁上的锚固钢筋临时焊接固定，当外侧有护栏时，可依托护栏架设基准线。基准线桩的间距：直桥不应大于10m，弯桥可缩短为5m。

c.利用基准线对桥面铺装层厚度进行的复核检验，应符合现行交通行业工程标准《公路水泥混凝土路面施工技术细则》（JTG/T F30—2014）第7.3.8条的规定。

⑥待铺装的裸梁或防水找平层的表面应进行凿毛或进行表面缓凝露石粗糙处理。凿毛后表面采用铺砂法测定的平均构造深度不宜小于1.0mm；表面缓凝露石粗糙处理面积不宜小于70%。粗糙处理后的表面应清洗干净，洒水湿润，不得积水。

⑦当钢质履带的滑模摊铺机直接在梁顶或护栏底座表面行走时，应采用胶垫进行防护。

⑧桥梁护栏应在桥面滑模铺装前安装完毕。

⑨滑模摊铺机侧模底部的纵向施工缝位置应架设半模板，半模板上部应按横向钢筋直径和数量预留开口。在铺装剩余桥面前，应拆除半模板，并不得损伤路面边角。

⑩当采用滑模摊铺机铺装桥面时，混凝土布料除应符合现行交通行业工程标准《公路水泥混凝土路面施工技术细则》（JTG/T F30—2014）第7.5.6～7.5.9条的规定外，尚应符合下列规定：

a.运料车应在铺装区域以外行进，并应由专人指挥卸料。

b.混凝土拌合物可利用挖掘机或输送机跨越护栏布料。

⑪滑模摊铺机在连续铺装桥面与路面时，除应符合现行交通行业工程标准《公路水泥混凝土路面施工技术细则》（JTG/T F30—2014）相关规定外，尚应符合下列规定：

a.滑模摊铺机在连续摊铺过渡板、搭板、桥面和伸缩缝时，振捣频率应加大到167Hz以上，摊铺速度宜控制在0.75～1.0m/min范围内。

b.滑模摊铺机在上、下桥面时，应及时调整侧模的高度，避免边缘漏料。

c.桥面铺装层的铺装厚度应采用平均厚度与极限最薄厚度双控措施，厚度平均值偏差应控制在 +20mm、-5mm 之内，局部极限最薄厚度偏差应控制在 -20mm 以内。

　　d. 当滑模摊铺钢筋混凝土搭板厚度超过 300mm 时，应先浇筑并用手持振捣棒振实底部，再使用滑模摊铺机摊铺上部。

　　⑫桥面上各种接缝的施工应符合下列规定：

　　a. 在桥面与搭板相接时，在台背顶面应按照设计要求设置胀缝和伸缩缝。

　　b. 在桥面铺装前，应安装稳固台背隔离缝与胀缝中的接缝板，板高宜低于桥面高程 20mm。

　　c. 在桥面铺装后，应剔除接缝板上部未硬化的混凝土，并安装齐平接缝板上的木条，修整平表面并捣实接缝两侧的混凝土。

　　d. 桥梁伸缩缝位置底部应设隔离层，并应在桥面铺装硬化后，切出伸缩缝安装间隙，并剔除其中的混凝土。

　　e. 应在桥面支座处负弯矩部位进行切缝，并按设计要求对其进行加筋补强，每跨内横缝间距宜一致，最大长度不宜大于 6m，最短长度不宜小于板宽，桥面宜按车道宽度切纵缝。

　　f. 当采用横向连接铺装桥面时，施工纵缝应采用双重防水措施，先粘防水密封条或涂沥青，再填充填缝料。

　　⑬当钢筋纤维混凝土桥面采用滑模铺装时，混凝土拌合物的坍落度应较一般路段增大 20～30mm。当振捣不密实时，不得强行摊铺或现场洒水再摊铺。

　　⑭在铺装钢筋纤维混凝土桥面时，挤压底板前方宜配备压入纤维的夯实杆或搓平梁，滑模摊铺机振捣频率宜不低于 183Hz，铺筑速度宜控制在 0.75～1.0m/min 范围内，应缓慢匀速、不间断地推进。

　　⑮当分幅桥梁桥面采用滑模铺装时，可采取将滑模摊铺机一侧履带延伸至另一幅桥面上行走铺装的方法，减少桥面的纵缝。

八、路缘石和护栏滑模摊铺机施工

　　在公路工程中，混凝土路缘石、路肩石（包括硬路肩和土路肩）、浅碟形排水沟与护栏的使用数量和规模巨大。在现行交通行业工程标准《公路水泥混凝土路面施工技术细则》（JTG/T F30—2014）发布前，尚无对这些构造物的施工技术要求，致使这些构造物工程质量较差，破损较快较多，且外观欠美观。

①在水泥混凝土路缘石、路肩石与浅碟形排水沟拼装施工及滑模摊铺前，应设置基准线。基准线设置及精度等应符合现行交通行业工程标准《公路水泥混凝土路面施工技术细则》（JTG/T F30—2014）第7.3的相关要求。

②水泥混凝土路缘石、路肩石与浅碟排水沟可采用滑模摊铺机悬臂连体摊铺或专门滑模摊铺机摊铺。采用滑模摊铺机悬臂连体摊铺硬路肩及路缘石时，最大悬臂摊铺宽度不应大于2.75m。其模具外形应设置2°～3°前大后小的挤压喇叭口，并应配备专用振捣棒振捣密实。

③滑模摊铺机推进前，应保证振动仓内的料位充足。在滑模摊铺时，应先振捣密实，再起步前进，保证混凝土挤压成型效果满足要求。

④对于突起路缘石或浅碟排水沟与边坡排水沟相连接部位，应在混凝土硬化前挖掉路缘石或浅碟形排水沟外侧，并抹成与泄水槽顺接的喇叭口。连接部位应排水通畅、接口圆滑，不得积水与阻水。

⑤在现场浇筑路缘石、路肩石与浅碟形排水沟时，应在浇筑段和起终点设置稳固的模板。

⑥滑模摊铺与现浇路缘石、路肩石、浅碟形排水沟的接缝施工应符合下列规定：

a. 硬路肩横缝应与行车道面层的横缝对齐。硬路肩与路缘石连体滑模铺筑时，路缘石横缝应与硬路肩一次连续砌成。

b. 在滑模摊铺路缘石、路肩石、浅碟形排水沟时，应设置横向缩缝。

c. 浅碟形排水沟切缝形状、尺寸和填缝料宜与路面相同。

d. 路缘石紧贴硬路肩拼装的纵缝宜使用与路面相同的填缝料填缝。

⑦护栏的基准线可设置在护栏内侧不阻碍滑模摊铺机行进的位置。桥梁护栏基准线桩可与梁顶预留锚固钢筋临时焊接。

⑧桥梁护栏应按设计要求配备钢筋笼，钢筋笼应与边板底部伸出的钢筋相焊接，底部应与边板混凝土连接牢固。

⑨在滑模摊铺公路护栏时，应在护栏中上部配1根、底部两侧各配1根直径不小于14mm的连续光圆钢筋，钢筋接头应焊接并打磨平滑。3根钢筋应滑移穿进固定于护栏模具上的定位套筒内。

⑩在滑模摊铺混凝土护栏时，拌合物工作性应满足下列3项要求之一：

a. 在摊铺时，混凝土拌合物的坍落度应为零，出拌和楼（机）的坍落度视气温高低与运距远近，宜控制在15～30mm范围内，运距长时宜用大值。

b. 在摊铺时，混凝土拌合物的振动黏度系数宜控制在700～900N·s/m范围内。

c.在摊铺时，混凝土拌合物的维勃时间宜为 10～15s。

⑪在摊铺过程中，应始终维持机前混凝土拌合物工作性稳定不变，并易于摊铺。

⑫护栏混凝土配制强度等级和配筋，应符合现行交通行业工程标准《公路护栏安全性能评价标准》（JTG B05-01—2013）和设计的要求，单位水泥用量不宜低于 150kg/m³，砂率不宜小于 36%，并应掺加适量的Ⅰ、Ⅱ级粉煤灰、矿粉等，提高混凝土拌合物黏聚性及胶材总量。粉煤灰、矿粉的适宜掺量应通过试验和试铺确定。

⑬严寒和寒冷地区护栏混凝土中应掺引气剂，拌合物含气量宜控制在 4%±1%。

⑭滑模摊铺混凝土护栏应符合下列规定：

a.当采用滑模摊铺机振捣护栏混凝土时，混凝土拌合物的工作性应保证能够振动液化，并在推进持续时间内达到密实状态的要求。

b.护栏的摊铺速度应根据供料快慢、振捣密实程度、摊铺效果等进行控制，宜控制在 0.75～1.0m/min 范围内。

c.在摊铺过程中，当振捣密实的混凝土脱出滑模模具时，护栏顶面塌落量不应大于 3mm，并应在摊铺过程中始终维持恒定，不得塌落后再补贴薄层砂浆局部加高。

d.护栏表面气孔、局部麻面等质量缺陷可使用专用工具进行人工修整。

e.当滑模摊铺公路护栏停止，需再纵向接铺时，应牢固架设刚度足够的端部垂直模板。

f.在铺筑桥梁护栏时，在设置钢筋笼的一个连续节段内，滑模摊铺不得中断。

g.在摊铺开始和结束时，护栏端部应做成符合设计要求的圆滑纵向斜坡。

h.公路护栏纵向宜切缝，长度宜为 5～10m：年温差较大的地区宜取小值；反之，宜取大值。外周切缝最浅深度不宜小于 40mm，缝宽不宜大于 3mm。

i.公路护栏在与硬路肩相接时，其底部应按设计要求设置横向排水孔，排水孔可用木模制作并安装牢固。

第三节 混凝土砌块路面砌筑施工技术

混凝土砌块路面是从最古老的石块路面中发展而来的，与目前所使用的其他路面结构相比，其最大的优势在于它是一种随时可方便维修、更换的路面，因此，混凝土砌块路面也是一种最为经济耐用、非常重要的路面结构形式。

混凝土砌块路面实质上是用小块刚性材料制作的柔性路面，所以其设计方法是先按沥青路面计算厚度，然后再换算为砌块路面厚度。

混凝土砌块路面可用于二级及以下公路、旅游区公路的永久面层，也可用于山区高填方及路基欠稳固的高速、一级公路过渡面层。混凝土砌块路面特别适用于非稳定路基上过渡路面，以及要保留古城街道或沿途风貌的城市道路、景观公路和旅游区公路。

一、混凝土砌块路面施工的一般规定

①砂垫层在砌块路面结构中是必不可少的组成部分，是砌块垂直坐稳并形成纵横紧密嵌锁的必备条件。因此混凝土砌块路面的砂垫层应均匀、密实，能保证砌块稳固，不得有局部缺失。

②混凝土砌块路面两侧应按设计设置路缘基座或缘石。在与水泥混凝土路面连接时，可依托水泥混凝土路面进行约束。

③公路混凝土砌块路面宜采用机械化方式铺砌。当工程数量较少，铺砌设备受限制时，也可使用手工铺砌方式。

二、混凝土砌块路面施工所用的材料

①混凝土砌块应符合下列规定：

a. 砌块形状宜为六边形或矩形。机械化砌筑的混凝土砌块平面尺寸可根据设备的砌筑能力确定。手工铺砌六边形砌块两对角线最大长度宜为300mm；手工铺砌矩形砌块的平面尺寸宜为200mm×400mm。砌块顶面四周应设3mm的倒角。

b. 当用于极重、特重、重交通荷载等级路面时，混凝土砌块的抗压强度等级不应低于C50，弯拉强度不应低于6.0MPa。当用于中、轻交通荷载等级路面时，混凝土砌块的抗压强度等级不应低于C40，弯拉强度不应低于5.0MPa。混凝土的抗压、弯拉强度的试验方法应符合现行交通行业工程标准《公路水泥混凝土路面施工技术细则》（JTG/T F30—2014）附录F的规定。

c. 当有抗冻与抗盐冻要求时，混凝土砌块中应掺入引气剂，抗冻性应符合《公路水泥混凝土路面施工技术细则》（JTG/T F30—2014）第4.2节相关规定。

d. 混凝土砌块的预制生产方式，目前国内多采用静压成型法和振动模压法。用于公路路面的混凝土砌块，不得使用无振动压模法压制成型的混凝土砌块。

②混凝土砌块路面所用填缝砂的质量应符合现行交通行业工程标准《公路水泥混凝土路面施工技术细则》（JTG/T F30—2014）第3.4.2节Ⅱ级天然砂的规定，垫层砂应符合Ⅲ级天然砂的规定，同时还应符合下列规定：

a. 填缝砂2.36mm筛孔的累计筛余量不应大于5%，含泥量不应大于2%，泥块含量不应大于0.5%。

b. 垫层砂4.75mm筛孔的累计筛余量不应大于5%，含泥量不应大于3%，泥块含量不应大于1.0%。

三、混凝土砌块路面的路缘基座施工

混凝土砌块路面的施工流程一般是做完基层后，制作路缘基座，再施工垫层与面层。工程实践证明，认真做好路缘基座的施工，保证其质量，是混凝土砌块路面成功并经久耐用的关键之一。

混凝土砌块路面的路缘基座施工一般应按以下要求进行：

①现场浇筑路缘基座可使用专用滑模摊铺机连续浇筑或现场立模浇筑，预制路缘基座宜采用人工拼装施工。

②路缘基座滑模摊铺施工可采用基准线法进行高程与位置的控制，基准线设置应满足现行交通行业工程标准《公路水泥混凝土路面施工技术细则》（JTG/T F30—2014）第7.3.6条的要求。应使用符合基座外形要求的模具。

③在现浇混凝土路缘基座时，宜设置拉线确定侧模位置与高程。连续浇筑的路缘基座每5～8m宜切一道缩缝，缝宽宜为3mm±1mm，切缝深度不应小于40mm。

④人工拼装预制混凝土基座应符合下列规定：

a. 应按照设计图纸对路缘基座安装位置进行放样，并在基座顶面边角处挂设拉线。

b. 应开挖路缘基座至设计位置，并按要求清理路缘基座的底部。

c. 安设前应先按照设计在基座底部铺设水泥砂浆垫层，砂浆强度等级不应低于M15，厚度不应小于15mm，然后安装路缘基座并按拉线调整高程和位置。安装完毕后，两块路缘基座间的间隙不宜大于5.0mm。

四、混凝土砌块路面的砂垫层施工

砂垫层是混凝土砌块路面结构中不可缺少的一层必备结构层，不得将砌块路面铺筑在刚性或半刚性的基层上。特重、重交通各级公路临时过渡路段或永久砌块路面的砂垫层，可使用 1 ：3 的干拌水泥砂浆；中轻交通公路砌块路面可使用纯砂垫层。

混凝土砌块路面的砂垫层施工一般应符合下列规定：

①砂垫层压实厚度应符合设计要求，松铺系数宜根据试铺确定。工程实践表明，砂垫层的厚度一般宜为 30 ～ 50mm。

②可根据工程的重要性和工程量的大小，采用刮板法、耙平法、机械摊铺法铺设砂垫层。砂垫层摊铺后应使用刮板认真刮平并压实，保证砂垫层的平整度密实度符合要求。

③砂垫层刮平后应加以保护，不应有任何扰动和行驶车辆、机械碾压与人员踩踏的印迹，以免影响面层的平整度。

五、混凝土砌块路面的铺砌工艺

工程实践证明，混凝土砌块路面的优点是：因板块较小而路面厚度薄，造价低廉；对路基稳固性要求低、变形适应能力强；养护维修便捷；可调控路面色彩，美观而实用。因此，笔者期待其能够在我国农村公路、乡镇公路等得到越来越多的应用。由此可见，混凝土砌块路面铺砌工艺是常见的一种施工工艺，必须严格按照现行行业标准规定进行施工才能确保其质量。

混凝土砌块路面的铺砌工艺一般应符合下列规定：

①在混凝土砌块路面正式铺砌前，应准确进行放样，并设置每排砌块铺砌表面拉线。

②应按照设计图纸确定的铺设方式铺砌混凝土砌块，这样可以大大增加面砖的疲劳循环次数与耐用年限。

③混凝土砌块采用人工铺砌时，不得站在砂垫层上作业，应采用前进铺砌方式施工。在铺砌时，砌块应当垂直放置，不得倾斜落地。在砌块放置到位后，可左右晃动，并用橡胶锤敲击等方法，使砌块在砂垫层中坐稳。

④当混凝土砌块采用机械铺砌时，应符合下列规定：

a. 宜在预制厂将混凝土砌块拼装为铺砌单元，以夹紧状态运输至现场，铺砌单元面积宜为 0.5 ～ 1.5m²。

b. 可采用在每个铺砌单元内块体之间和铺砌单元之间夹 2 ～ 3mm 的接缝榫等方法，控制块体间接缝宽度均匀一致。

c. 在进行铺砌时，应使用机械将每个铺砌单元垂直对中放置就位，避免倾斜落地，摆放后应逐块检查砌块是否稳固，不稳固的砌块应用橡胶锤敲击稳定。

⑤在混凝土砌块铺砌完成后，应按两条相互垂直的砌块拉线进行接缝调整。

砌块接缝的宽度应控制在 2 ～ 4mm 范围内。

⑥对于混凝土砌块与基座间不大于 20mm 的间隙，可通过适当调整砌块之间接缝宽度的方法予以清除；对于大于 20mm 的间隙，可使用强度等级 C40 细石混凝土夯实填补并抹平。

⑦对于混凝土砌块拼砌边缘及端部不完整部分：当面积大于或等于混凝土砌块的 1/3 时，宜切割混凝土砌块或使用断裂的砌块填补；当面积小于混凝土砌块的 1/3 时，宜使用强度等级为 C40 的细石混凝土夯实填补并抹平。

⑧混凝土砌块路面应使用自重 3 ～ 5t 的胶轮或胶带振动压路机振压稳定，并应符合下列规定：

a. 胶轮或胶带振动压路机的激振力宜为 16 ～ 20kN，振动频率宜为 75 ～ 100Hz。

b. 压实前路面的铺砌长度宜为 30 ～ 50m，这样可避免因前进和后退过多及转向频繁而影响压实的均匀性与平整度。

c. 在进行碾压的过程中，振动压路机应由路边缘向中间碾压振实，距铺砌工作面 1.0m 前应停止。

d. 碾压振实应使垫层砂嵌入接缝底部 25 ～ 50mm。

⑨混凝土砌块路面应在第一遍碾压后，开始填灌填缝砂。在填灌填缝砂时应符合下列规定：

a. 填缝砂应均匀撒布，并用笤帚或刮板等工具将路面上的砂扫入接缝中，再用振动压路机进行振动压实，使砂灌入缝槽中。

b. 振压与灌砂宜反复进行，直至填缝砂灌满填实为止，最少灌砂遍数不应少于 5 遍。

c. 在砌块的接缝灌实后，其表面残留的填缝砂与缝槽表面的松散砂应清扫干净。

⑩在竖曲线部位铺砌砌块时，应将砌块路面铺砌成连续曲线，不得铺砌为折线。曲线处的砌块接缝表面宽度应控制在 2 ～ 5mm 范围内。

⑪在水平曲线部位铺砌砌块时，可调整砌块纵向接缝宽度。弯道内、外侧砌块的最小接缝宽度不应小于 2mm，最大接缝宽度不应大于 5mm。

第四章 道路施工安全管理

第一节 施工安全管理概述

一、公路工程施工安全管理措施

公路工程施工安全管理是为施工项目实现安全生产而开展的管理活动。施工现场的安全管理，重点是进行人的不安全行为和物的不安全状态的控制，落实安全管理的决策和预定的安全管理目标，以消除一切不安全因素和事故，减少工程不必要的损失。公路工程安全管理措施是安全管理的方法和手段，安全管理的重点是对生产各因素的约束与控制。根据公路工程施工生产的特点，其安全管理措施具有鲜明的行业特色。归纳起来，公路工程施工生产安全管理措施，主要包括以下几个方面：

1. 落实安全责任、实施责任管理

在公路工程施工的过程中，施工企业承担着控制、管理施工生产进度、成本、质量、安全等目标的责任，这是一个有机的整体，不可分割。因此，落实安全责任、实施责任管理，是实现安全生产的一项重要任务。

2. 建立强有力的安全管理组织

安全管理组织是专门负责安全管理的机构。建立强有力的安全管理组织，是落实安全责任、实施责任管理的关键，也是进行安全管理的组织保证。每一个施工企业，都要建立、完善以项目经理为首的安全生产领导组织，配备思想素质高、业务能力强的干部，专门负责安全生产管理工作，有计划、有步骤地开展安全管理活动，实现安全生产的管理目标。

3. 制定安全生产责任制度

安全生产责任制是企业各级领导、职能部门、工程技术人员、岗位操作人员在劳动生产过程中层层应负安全责任的一种制度。它是企业岗位责任制的一个重要组成部分，也是企业劳动保护管理的核心。

制定安全生产责任制度，明确施工企业各级人员的安全责任，切实抓好制度落实和责任落实，是搞好安全管理的重要措施之一。制定安全生产责任制度，具体表现在以下几个方面：

①建立、完善以项目经理为首的安全生产领导组织，项目经理应对所建公路工程施工过程中的安全工作负全责，在布置、检查、总结生产工作的同时，布置、检查、总结安全工作，有组织、有领导地开展安全管理活动，绝不能只挂帅而不具体负责。

②建立、健全安全管理责任制，明确各级人员的安全责任，这是搞好安全管理工作的基础。从项目经理到一线工人，安全管理要做到纵向到底、一环不漏；从专门管理机构到生产班组，安全生产要做到横向到边、层层有责。

③施工项目应通过监察部门的生产资质审查，这是确保安全生产的重点。一切从事生产管理与操作的人员，都应当依照其从事的生产内容和工种，分别通过企业、施工项目的安全审查，取得安全操作许可证，实行持证上岗。特种工种的作业人员，除必须经企业的安全检查外，还需按规定参加安全操作考核，取得监察部门核发的安全操作合格证。

④一切参与公路工程施工的管理人员和操作人员，都要与施工项目负责人签订安全协议，向施工项目负责人做出安全的书面保证。

⑤对于安全生产责任制落实情况的检查，应当认真、详细地做好记录，作为重要的技术资料存档。

⑥施工项目负责人负责施工生产中物的状态审验与认可，承担物的状态漏验、失控的管理责任，接受由此而出现的经济损失。

二、公路工程施工安全管理内容

（一）进行安全教育

认真搞好安全教育与安全培训工作，是安全生产管理工作的重要前提。安全教育与安全培训能增强人的安全生产意识，提高安全生产的知识水平，有效地防止人的不安全行为，减少人为的失误。因此，安全教育与安全培训是进行人为的行为控制的一项重要方法和手段。进行安全教育，要做到高度重视、内容合理、方式多样、形成制度、注重实效；进行安全培训，要做到严肃、严格、严密、严谨，绝不能马虎从事。

1. 安全教育的主要内容

（1）新工人的三级安全教育

新工人的三级安全教育，是指对新招收的工人所进行的公司、工程处和施工队（班组）三级的安全教育。教育的内容包括安全技术知识、设备性能、操作规程、安全制度和严禁事项等。新工人经过三级安全教育考试合格后，方可进入操作岗位。

（2）特殊工种的专门教育

特殊工种的专门教育，是指对特殊工种的工人，进行专门的安全技术教育和训练。特殊工种不同于其他一般工种，它在生产过程中担负着特殊的任务，工作中危险性大，发生事故的概率大，一旦发生事故，对企业生产的影响较大，所以，在安全技术方面必须严格要求。特殊工种的工人必须按规定的内容和时间进行培训，然后经过严格的考试，取得合格证书后，才能准予独立操作，这是保证安全生产、防止伤亡事故的一项重要措施。

（3）经常性的安全生产教育

经常性的安全生产教育，是指根据施工企业的具体情况和实际需要，采取多种形式进行的安全生产教育，如开展安全活动日、安全活动月、质量安全年等活动，召开安全例会、班前班后安全会、事故现场会、安全技术交底会等各种类型的会议，以及利用广播、黑板报、工程简报、安全技术讲座等多种形式开展安全宣传教育工作。

2. 安全教育的注意事项

（1）安全教育要突出"全"字

安全生产是整个企业的事情，牵连到每一个职工的思想和行动。因此，安全生产的宣传教育工作应当是全员、全过程、全面进行的，宣传教育面必须达到100%，使企业各级领导都重视安全生产教育，职工人人都接受安全生产教育，真正做到安全生产知识家喻户晓、人人皆知。

（2）安全生产教育要突出效果

通过安全生产教育，增强企业全体职工的安全生产意识，实现公路施工全过程的安全生产，这是安全生产教育的目的和要达到的效果。安全生产教育要想取得预期的效果，必须抓好以下三个步骤：第一步是全面传授安全生产知识，这是解决"知"的问题。选择的安全生产教育内容，一定要具有针对性、及时性和适用性。第二步是使职工掌握安全生产的操作技能，把掌握的知识运用到实际工作中去，这是解决"会"的问题。第三步是经常对职工进行安全生产的认识教育，即安全生产教育要常抓不懈，形成制度，要提高职工安全生产的自觉性，使每一个职工在日常的施工中，处处、事事、时时都认真贯彻执行安全生产的有关规定。

（3）安全教育要抓落实、抓考核

抓落实、抓考核是安全生产教育能否取得良好效果的保证和基础。只有口头宣传和布置，而无具体的措施抓落实、抓考核，安全生产将成为一句空话。施工企业的各级领导要切实抓好这一关键性的环节，建立安全生产考核检查办法，组织强有力的安全生产监督检查机构，形成落实安全生产的系统网络，使安全生产教育真正起到应有的作用。

（二）进行经常性的安全检查

经常性的安全检查，是发现和消除不安全行为和不安全状态的一条重要途径，是消除事故隐患、落实安全整改措施、防止事故伤害、改善劳动条件的一种重要方法。安全检查的形式有普遍检查、专业检查和季节检查3种。

1. 安全检查的内容

安全检查的内容主要包括查思想、查管理、查制度、查现场、查隐患、查落实、查事故处理。

①公路施工项目的检查以自检形式为主，应对公路施工项目的生产过程、各个生产环节进行全面检查。检查的重点以劳动条件、生产设备、现场管理、安全卫生设施以及生产人员的行为为主。当发现有不安全因素和行为时，应立即采取有力措施，果断地加以制止和消除。

②各级生产的组织者，在全面进行安全检查的过程中，应通过对作业环境状态和隐患的考察，再依照安全生产的方针和政策，检查生产中有无违背国家有关安全生产规定的地方，并对安全生产的差距做出评价和判断。

③对安全管理的检查主要注意以下几个方面：

a. 安全生产是否提到议事日程上，各级安全负责人是否坚持"五同时"（指在计划、布置、检查、总结、评比生产工作的同时，要计划、布置、检查、总结、评比安全工作）。

b. 业务职能部门与人员，是否在各自业务范围内，落实了安全生产责任制；专职安全人员是否能坚持工作岗位，是否履行了自己的职责。

c.安全生产教育是否落实，教育效果是否良好。

d.工程技术和安全措施是否结合为一个统一体，是否实施了作业标准化。

e.安全控制措施是否有力，控制是否到位，在生产过程中有哪些消除管理差距的措施。

f.对事故的处理是否符合国家现行的有关规定，是否坚持了"三不放过"的原则。

2.安全检查的组织

①建立严格的安全检查制度，并根据安全检查制度中的要求，对制度中规定的规模、时间、原则、处理等方面的落实情况进行全面、认真的检查。

②检查组织是否健全，是否成立了以项目经理为第一责任人，由业务部门、专职安全检查人员参加的安全检查组织。

③检查组织在实施安全管理工作中，是否做到了有计划、有目的、有准备、有整改、有总结、有处理。

3.安全检查的准备

安全检查工作是一项要求很高的细致性工作，在进行安全检查之前，必须做好充分的准备工作，其主要包括思想准备和业务准备两个方面。

①安全检查的思想准备是指发动施工企业全体职工开展安全自检。施工企业通过将自我检查与制度检查相结合，使职工形成自检自改、边检边改的良好习惯。全体职工的安全意识将在发现危险因素中得到提高、在消除危险因素中受到教育、从安全检查中得到锻炼。

②安全检查的业务准备主要包括：确定安全检查的目的、步骤、方法和内容，成立相应的安全检查组织，安排具体的检查日程；分析事故资料，确定检查的重点，把主要精力侧重于放在事故多发的部位和危险工种的检查上；规范检查记录用表，使安全检查逐步纳入科学化、规范化的轨道。

4.安全检查的方法

在施工工程中常用的安全检查方法有一般检查方法和安全检查表法两种。

（1）一般检查方法

一般检查方法，就是采用"看、听、嗅、问、查、测、析"等手段进行检查的方法。"看"，即看现场环境和作业条件，看实物和实际操作，看记录和资料等；"听"，即听汇报、听介绍、听反映、听意见、听批评、听机械设备的运转响声或承重物发出的微弱声等；"嗅"，即对挥发物、腐蚀物、有毒气体等用嗅觉进行辨别；"问"，即深入生产第一线，对影响安全生产的问题进行调查研究，详细询问，寻根究底；"查"，即查明问题，查对数据，查清原因，追究责任；"测"，即对有关安全的因素进行测量、测试、监测；"析"，即分析安全事故的原因、隐患所在。

（2）安全检查表法

安全检查表法是一种原始的、初步定性分析的方法，即通过事先拟定的安全检查明细表或清单，对安全生产的状况进行初步的分析、判断和控制。安全检查表通常包括检查项目（如安全生产制度、安全教育、安全技术、安全检查、安全业务工作、作业前检查、作业中检查、作业后检查等）、检查内容（如安全教育内容可包括新工人入厂的三级教育是否坚持、特殊工种的安全教育是否坚持、对工人日常安全教育进行得怎样、各级领导干部是怎样进行安全教育的）、检查的方法或要求（如安全教育中的"三级教育"要求主要包括是否有计划、有内容、有记录、有考核或有考试）、存在的问题、改进措施、检查时间、检查人等内容。采取何种安全检查表，应当根据工程的实际和企业安全生产的情况而定。

5. 安全检查的形式

采取何种安全检查表应当根据工程的实际和企业安全生产的情况而定。安全检查的形式，一般可分为定期安全检查、突击性安全检查和特殊安全检查3种。

（1）定期安全检查

定期安全检查是指列入安全管理活动计划，间隔一定时间的规律性安全检查。这是一种常规检查。定期检查的周期为：施工项目的自检一般控制在10～15d；班组的自检必须坚持每日检查制度，对季节性、专业性的安全检查，按规定要求确定检查日期。

（2）突击性安全检查

突击性安全检查是指无固定检查周期，对特别部门、特殊工种、特殊设备、小区域进行的安全检查。这种检查形式没有规定具体的时间、内容和次数，应根据工程实际和施工具体情况，由安全组织机构确定。

（3）特殊安全检查

对预料中可能会带来新危险因素的新安装的设备、新采用的工艺、新建或改建的工程项目，在投入使用前，以"发现"危险因素为目的进行的安全检查，称为特殊安全检查。特殊安全检查还包括对有特殊安全要求的手持电动工具、电气设备、照明设备、通风设备、有害有毒物、易燃易爆危险品储运设备的安全检查。

6.消除危险因素的措施

安全检查的主要目的是发现、分析、处理、消除危险因素，避免不安全事故的发生，实现安全生产。消除危险因素的关键环节，在于认真地整改和检查，真正消除危险因素。对于一些由于种种原因一时不能消除的危险因素，更应当认真进行分析，寻求科学的解决办法，安排整改计划，尽快予以消除。安全检查后的整改，必须坚持"三定"和"不推不拖"的工作方法，不能使危险因素长期存在而危及人和工程的安全。所谓"三定"是指对安全检查后发现的危险因素的积极消除态度，即定具体整改的责任人、定解决与改正的具体措施、定消除危险因素的整改时间。所谓"不推不拖"是指在解决具体的危险因素时，应当采取积极的态度，凡是能够自己解决的，绝不推诿，不等不靠，坚决组织整改。也就是说，不能把整改的责任推给上级，也不能把消除危险因素的任务交给第一线工人，更不能借故拖延整改的时间，而应树立"危险因素就是险情"的安全意识，以最快的速度把危险因素消除。

（三）实行作业标准化

在公路工程的施工过程中，具体操作者产生不安全行为的主要原因包括由于不知道正确的操作方法而发生操作错误，或为了单纯地追求施工速度而省略了必要的操作步骤，或坚持自己的操作习惯等。用科学的作业标准化规范人的行为，是克服和消除不安全因素的一项重要措施，它既有利于控制人的不安全行为，又有利于提高公路工程的质量。由此可见，实行作业标准化，是公路工程安全管理的一个重要组成部分。在实行作业标准化时，应当注意以下几个方面：

1.制定作业标准

制定作业标准，是实施作业标准化的首要条件。除按照国家和有关部委颁布的操作规程生产外，施工企业也要根据本企业的实际和工程项目的特点，制定切实可行的作业标准。

①采取技术人员、管理人员、生产操作者三结合的方式，根据操作的具体条件制定作业标准，并坚持反复实践、反复修订、群众认可的原则。

②制定的作业标准都要明确规定操作程序、具体步骤、怎样操作、操作的质量标准、操作阶段的目的、完成操作后的状态等内容。

③制定的作业标准，要尽量使操作简单化、专业化，尽量减少使用工具、夹具的次数，以降低对操作者施工工序的要求，使作业标准尽量减轻操作者的精神负担，以便集中精力按作业标准进行生产。

④作业标准必须符合生产和作业环境的实际情况，不能把作业标准通用化，不同作业条件下的作业标准应有所区别。

2. 作业标准必须实用

制定的作业标准必须符合人的身体运动特点和规律。作业场地布置、使用工具设备、操作幅度等方面，均应符合人体学的要求。

①操作者在生产过程中，尤其是在高空作业时，要避免不自然的操作姿势和重心的经常移动，动作要有连贯性、自然节奏强，如不宜出现运动方向的急剧变化、动作不应受到过大的限制、尽量减少用手和眼的操作次数、肢体的动作要尽量小。

②施工场地的布置，必须考虑公路、照明、水电、通风的合理分配，机械设备、物料、工具的位置等要方便作业。在这方面必须考虑以下几点：

a. 当采用人力移动物体时，尽量限于水平方向的移动，尽量避免垂直方向的移动。

b. 机械操作部分，应安排在正常操作范围之内，防止增加操作者的精神和体力的负担。

c. 操作工作台、座椅的高度，应与操作要求、人的身体条件匹配。

d. 尽量利用起重机械移动物体，改善操作者的劳动条件。

③反复训练，达到熟练操作。反复训练使操作者能熟中生巧，是避免工伤事故的一项重要措施。在训练中要讲求方法和程序，应以讲解示范为主，要符合重点突出、交代透彻的要求。在训练中要边训练、边作业、边纠偏，使操作者经过训练达到相关要求。对于经过多次纠正偏向，仍达不到操作要求，或还不能独立操作的人员，不得在公路工程施工中正式上岗，必须继续进行训练，直到完全合格为止。

（四）坚持生产技术与安全技术的统一

生产技术工作是通过完善生产工艺过程、完备生产设备、规范工艺操作，从而发挥技术的作用，来保证生产顺利进行的。生产技术不仅包括了工艺技术，也包括了安全技术。两者的实施目标虽各有侧重，但工作目的是完全统一在保证生产顺利进行，实现效益这一共同基础上的。坚持生产技术与安全技术的统一，体现了安全生产责任制在生产过程中的具体落实，也体现了"管生产同时管安全"的管理原则。坚持生产技术与安全技术的统一，具体表现在以下几个方面：

①在施工生产正式进行之前，要考虑产品的特点、规模、质量要求、生产环境、自然条件等，摸清生产人员的流动规律、能源供给状况、机械设备配置条件、临时设施规模，以及物料供应、储存、运输等条件，并根据以上各种条件，结合对安全技术的要求，完成生产因素的合理匹配计算，进行科学施工设计和现场布置。经过批准的施工设计和现场布置，即成为施工现场中生产因素流动与动态控制的依据，是落实生产技术与安全技术的保证。

②对于施工项目中的分部分项工程，在正式施工进行之前，应针对工程具体情况与生产因素的流动特点，完成作业或操作方案，为分部分项工程的实施提供具体的作业或操作规范。在操作方案完成后，技术人员要把操作方案的设计思想、内容和要求，向作业人员进行详细的交底。安全交底既进行了安全知识教育，同时也确定了安全技能训练的时机和目标。

③在生产技术工作中，从控制人的不安全行为以及物的不安全状态、预防伤害事故发生、保证生产工艺过程顺利实施的角度考虑，应将以下内容纳入安全管理职责：

a.进行安全知识、安全技能的教育，规范人的行为，使操作者获得完善的、自动化的操作行为，减少生产操作中人为的失误。

b.在生产过程中通过安全检查和事故的调查，从中充分了解物的不安全状态存在的环节和部位、发生与发展、危害性质与程度，摸索和研究控制物的不安全状态的规律和方法，提高对物的不安全状态的控制能力。

c.严格把好设备、设施使用前的验收关，绝不能将有危险状态的设备、设施盲目投入运行，要避免因人、机运动轨迹的交叉而发生伤害事故。

（五）正确对待事故的调查与处理

事故是一种违背人们的意愿的事件，是人们不希望发生，但有时又可能发生的事件。事故一旦发生，就应当以正确的态度去对待、去处理，不能以违背人们的意愿为理由，予以否定。采取正确态度的关键在于对事故的发生要有正确的认识，用严肃、认真、科学、积极的态度，处理好已发生的事故，把事故造成的损失降低到最低程度，同时还应采取有效措施，避免同类事故的重复发生。正确对待事故的调查与处理，应当做到以下几个方面：

①在事故发生后，要以严肃、科学的态度去认识事故，按照有关规定，实事求是地及时向有关部门报告，不隐瞒、不虚报、不避重就轻，是对待事故的正确做法。

②在积极抢救受伤人员的同时，还要采取措施保护好事故的现场，以利于调查清楚发生事故的原因，从事故中找出生产因素控制的差距，避免同类事故的重复发生。

③要弄清事故发生的过程，分析事故发生的原因，找出造成事故的人、物、环境状态方面的主要因素，同时还要分清造成事故的安全责任，总结生产因素管理方面的教训。

④要以发生的事故作为安全教育内容，及时召开事故现场会和事故分析会，进行深刻的安全教育。要通过安全教育，使所有生产部门、生产过程中的操作人员，从发生的事故中看到危害，提高他们安全生产的自觉性，从而使他们在操作中积极地实行安全行为，主动地消除不安全状态。

⑤在对事故进行科学分析，找出事故的发生原因后，应采取预防类似事故重复发生的措施，组织有关部门和人员进行整改，并使整改方案和预防措施得到全面落实。施工作业必须在经过严格的检查验收，证明危险因素确实已完全消除后，才能恢复。

⑥未遂事故。未造成伤害的事故，我们习惯称为未遂事故。虽然未遂事故没有造成人员伤害或经济损失，但其也是违背人们的意愿、确实已发生的事件，其危险后果是隐藏在人们心理上的创伤，不良影响作用的时间会更长久。未遂事故同具有损失的事故一样，也同样暴露出了安全管理上的缺陷，严重事故的发生随时随地存在，这是生产因素状态控制的薄弱环节。因此，对待未遂事故，应与已发生的事故一样，要进行认真调查、科学分析、妥善处理。

第二节　施工安全事故的预防

一、公路施工常见的安全事故

根据资料统计，公路工程施工中常见的安全事故有以下几种：

①物体打击，如坠落物、滚石、锤击、崩块等。

②高空坠落，如从高架上坠落，或落入深坑、深井等。

③机械设备事故引起的伤害，如绞伤、碰伤、割伤等。

④车祸，如压伤、撞伤、挤伤等。

⑤坍塌，如临时设施垮塌、脚手架垮塌、岩石边坡塌方等。

⑥爆破及爆炸事故引起的伤害，如炸药、雷管、锅炉和其他高压容器引起的伤害等。

⑦起重吊装事故引起的伤害。

⑧触电（包括雷击）。

⑨中毒、窒息，如煤气、油烟、沥青及其他化学气体引起的中毒和窒息。

⑩烫伤、灼伤。

⑪火灾、冻伤、中暑。

⑫落水。

二、公路施工安全事故的原因分析

发生安全事故不是偶然的，究其原因主要包括：

①纪律松弛，管理混乱，有章不循或无章可循。

②现场缺乏必要的安全检查。

③从领导到群众思想麻痹。

④机械设备年久失修、开关失灵、仪表不准、超负荷运转或带病作业。

⑤缺乏安全技术措施。

⑥忽视劳动保护。

⑦工作操作技术不熟练、安全意识差、违章作业。

⑧领导违章指挥。

三、公路施工安全事故的预防

安全工作要以预防为主，消除事故隐患。小事故要当大事故抓；别人的事故要当自己的事故抓；险肇事故要当事故抓。另外，不应把搞好安全生产单纯看作技术性工作，而必须从思想上、组织上、制度上、技术上采取相应的措施，综合治理才能奏效。

（一）思想上重视

首先是项目部领导要重视。要批判"安全事故难免论"和"对安全生产漠不关心"的官僚主义态度，纠正"只管生产，不管安全；只抓进度，不抓安全；不出事故，不抓安全"的错误倾向。其次是要对职工加强安全生产的思想教育，使每个职工牢固树立"安全第一"的思想。

（二）建立健全安全生产规章制度

首先，要建立安全生产责任制、各级项目部门的各级领导的安全管理责任制和职工的安全操作责任制，真正做到"安全生产，人人有责"。其次，要坚持安全生产检查制度，通过检查及时发现问题，堵塞事故漏洞，防患于未然。再次，要坚持安全生产教育制度。最后，要建立安全事故处理制度。在事故发生后，应认真吸取教训，防止同类事故重复发生。对事故要按照"三不放过"的原则进行处理，即事故原因分析不清不放过、事后责任者和群众没有受到教育不放过、没有新的防范措施不放过。

（三）制定切实可行的安全技术措施

在公路施工中，应根据施工工作特点，制定切实可行的安全技术措施及安全操作规程，并应分发到工组，组织逐条学习落实。安全技术措施贯彻于施工的全过程，应力求细致全面具体，其主要包括以下几方面内容：

1. 保证施工现场安全生产的措施

保证施工现场安全生产，是加快工程进度、保证工程质量、降低工程成本的关键。施工企业的全体职工，在保证施工现场安全生产方面必须严肃认真对待。为保证施工现场的安全生产，应当做到以下几点：

①进入施工现场的所有作业人员，必须认真执行和遵守安全技术操作规程。

②各种施工机具设备、建筑材料、预制构件、临时设施等，必须按照施工平面图进行布置，保证施工现场公路和排水畅通。

③按照施工组织设计的具体安排，形成良好的施工环境和协调的施工顺序，实现科学、文明、安全施工。

④施工现场的高压线路和防火设施，要符合供电部门和公安消防部门的技术规定，设施应当完备可靠，使用方便。

⑤根据工程的实际需要，应在施工现场做好可靠的安全防护工作，以及各种设备的安全标志，确保作业的安全。

2. 预防发生坍塌事故的措施

公路工程的坍塌事故，是一种危害较大的事故，易造成人员的伤亡和财产的损坏，施工中必须认真对待，应采取有效措施避免此类事故的发生。根据施工经验，一般应注意以下几个方面：

①在土石方开挖之前，应根据挖掘深度和地质情况，做好边坡设计或边坡支护工作，并注意做好周围的排水。

②施工用的脚手架的搭设必须科学合理、可靠牢固，所选用的材料（包括配件）必须符合质量要求。

③大型模板、墙板的存放，必须设置垫木和拉杆，或者采用插放架，同时必须绑扎牢固，以保持稳定。

④大型吊装构件在吊装摘钩前，必须就位焊接牢固，不允许先摘吊钩后焊接。

3. 预防发生机械伤害事故的措施

施工机械运转速度较快，很容易出现机械伤害事故，这也是施工安全管理工作中的一项重要内容。在预防机械伤害事故中，主要应当做到以下几点：

①必须健全施工机械的防护装置，所有机械的传动带、明齿轮、明轴、皮带轮、飞轮等，都应当设置防护网或防护罩，如木工用的电锯和电刨子等，均应当设置防护装置。

②机械操作人员，必须严格按操作规程和劳动保护规定进行操作，并按规定佩戴防护用具。

③各种起重设备应根据需要配备安全限位装置、起重量控制器、安全开关等（安全）装置。

④起重机指挥人员和司机应严格遵守操作规程，司机应当经过岗位培训合格，持证上岗，不得违章作业。

⑤公路工程施工中所用的施工设备、起重机械具都应当经常检查，定期保养和维修，保证其运转正常、灵敏可靠。

4. 预防发生触电事故的措施

随着施工机械化程度的提高，施工用电也越来越多，发生触电事故的概率也越来越高。因此，预防发生触电事故，是施工安全管理中的一项重要任务。预防发生触电事故，主要应注意以下几个方面：

①建立安全用电管理制度，制定电气设施的安装标准、运行管理制度和定期检查维修制度。

②根据编制的施工组织和施工方案，制订出具体用电计划，选择合适的变压器和输电线路。

③做好电气设备和用电设施的防护措施，施工中要采用安全电压。

④设置电气技术专业的安全监督检查员，经常检查施工现场和车间的电气设备和闸具，及时排除用电中的隐患。

⑤有计划、有组织地培训各类电工、电气设备操作工、电焊工和经常与电气设备接触的人员，学习安全用电知识和用电管理规程，严禁无证人员从事电气作业。

5.预防发生职业性疾病的措施

由于公路工程施工具有露天作业多、使用材料复杂、施工条件恶劣等特点，若不注意很容易发生职业性疾病，这也是公路施工安全管理中十分突出的问题。因此，在预防发生职业性疾病时，应注意以下几个方面：

①搅拌机应采取密封以及排尘、除尘等措施，以减少水泥粉尘的浓度，使其达到国家要求的标准。

②提高机械设备的精密度，并采取消声措施，以减少机械设备运转时的噪声。

③对从事混凝土搅拌、接触粉尘浓度较大、接近噪声源、受电焊光刺激、受强烈日光照射的作业人员，应采取相应的保护措施，并配备相应的防护用品，减少作业人员在烈日下的作业时间，以减少或杜绝日射病、电光性眼炎及水泥尘肺等职业病。

6.预防发生中毒、中暑事故的措施

公路工程使用的材料，有些对于人体是有害的（如沥青、某些溶剂等）；在炎热的气候条件下作业，有时也会发生中暑事故。因此，预防出现中毒、中暑事故，也是施工安全管理中的重要内容之一。对工程中所使用的有毒材料，应当严格保管使用制度。对有毒材料要有专人管理，实行严格的限额领料和限量使用；对有毒材料的施工，应培训有关人员，并做好防毒措施。对从事高温和夏季露天作业人员，要采取降温、通风和其他有效措施。对不适应高温、露天的作业人员应调离其工作岗位。对高温季节露天作业人员，其工作时间应进行适当调整，尽量将施工安排在早晨或晚上。

7.雨季施工的安全措施

雨季施工的施工难度较大，同时它也给施工安全管理带来了很大困难。在雨季施工时，主要应采取以下安全措施：

①在雨季到来之前，要组织电气设施管理人员，对施工现场所用的电气设备、线路及漏电保护装置，进行认真的检查维修。对发现的电气问题，应立即进行处理。

②凡露天使用的电气设备和电闸等，都要有可靠的防雨防潮措施；塔式起重机、钢管脚手架、龙门架等高大设施，应做好防雷保护。

③尽量避免在雨季进行开挖基坑或管沟等地下作业，若必须在雨季开挖，要制订排水方案及防止坍塌的措施。

④雨后应尽快排除积水、清扫现场，防止发生滑倒摔伤或坠落事故。

⑤雨后应立即检查塔式起重机、脚手架、井字架等设备的地基情况，看是否有下陷坍塌现象，若发现有下沉要立即进行处理。

第三节　文明施工管理

文明施工是指施工场地整洁、卫生，施工组织科学，施工程序合理的一种施工活动。文明施工包括：规范施工现场的场容场貌，保持作业环境的整洁卫生；科学有序地组织施工；减少噪声、排放物和废弃物等对周围环境和居民的影响；保证员工的健康和安全。

文明施工管理是施工企业管理工作的一个重要组成部分，它既是企业有计划、有秩序、有步骤施工的体现，又是施工现场安全生产的基本保证。文明施工水平不仅体现着企业的综合管理水平，而且关系到施工企业的经济效益。文明施工是现代化施工的一个重要标志，文明施工水平是施工企业施工管理综合素质的反映，针对工程施工中的特点，应把创建文明建设工地与安全质量管理放在同等地位对待，贯穿于项目实施的全过程。文明施工是现代公路建设对施工企业提出的更高标准、更新要求。

一、公路工程项目文明施工管理的技术措施

建设文明的施工环境不但是工程自身的需要，而且也是整个社会的需要。文明施工不仅与安全隐患存在着千丝万缕的关系，而且还直接或间接地影响着人们的身体健康。实施文明施工、加强现场施工环境管理，将现场的环境保护与文明施工纳入施工管理的职责，并强制性执行，对工程是至关重要的。搞好公路工程项目文明施工的首要条件就是必须建立文明施工组织机构，制定切实可行的管理制度，收集和保存文明施工的资料，加强文明施工的宣传和教育。公路工程项目文明施工管理的技术措施具体如下：

①施工现场应成立以项目经理为第一责任人的文明施工管理组织，分包单位应服从总包单位文明施工管理组织的统一管理，并接受检查和监督。

②各项施工现场管理制度应包含文明施工的规定，包括个人岗位责任制度、经济责任制度、安全检查制度、持证上岗制度、奖惩制度、竞赛制度和各项专业管理制度等。

③应注意加强和落实现场文明检查、考核及奖惩管理，以促进施工文明管理工作的积极性。检查的范围和内容应全面周到，要包括生产区、生活区、场容场貌、环境文明及制度落实等内容，检查发现的问题应采取整改措施，并限期加以改正。

④应注意收集文明施工的资料，包括：

a. 上级关于文明施工方面的标准、规定、法律法规等资料。

b. 施工组织设计（施工方案）中对文明施工的管理规定，各阶段施工现场文明施工的措施。

c. 文明施工教育、培训、考核计划的资料，文明施工自检资料，文明施工活动各项记录资料。

⑤应注意加强文明施工的宣传和教育工作，包括：

a. 在坚持岗位练兵的基础上，要采取派出去、请进来、短期培训、上技术课、看录像、看电视等方法，灵活多样地进行文明施工教育。

b. 要特别注意对新进场工人和临时工的岗前培训及教育，使他们知道文明施工的重要性；

c. 各级领导和专业管理人员，不仅要抓工程质量、进度和成本，而且要重视和熟悉文明施工管理。

二、公路工程项目文明施工管理的基本要求

随着社会的发展和公路工程的管理逐步进入规范化、法制化的轨道，文明施工的条例、制度成为施工建筑法规的一项重要内容，加上业主对文明施工的具体要求日趋严格和规范，因此，作为施工单位，只有在思想上充分认识到文明施工的重要性，把文明施工管理工作切实抓紧、抓好、抓出成效，才能在日益激烈的市场竞争中求生存、谋发展、创一流。实现公路工程的文明施工，不仅要着重做好施工现场的场容管理工作，而且还要相应做好现场材料、机械、安全、技术、保卫、消防、生活等方面的管理工作。

公路工程项目文明施工管理的基本要求如下：

1. 对现场场容管理方面的要求

①工地主要入口处要设置简易规整的大门，门旁必须设立明显的标牌，标明工程名称、施工单位和工程负责人姓名等内容。

②应建立文明施工责任制，划分区域，明确管理负责人，实行挂牌制，要做到现场清洁整齐。

③施工现场场地要平整，公路要坚实畅通，要有良好的排水设施，基础、地下管道施工完毕后，要及时回填平整，清除积土。

④现场施工用的临时水电要有专人管理，不得有长流水、长明灯现象。

⑤施工现场的临时设施，包括生产、办公、生活用房、仓库、料场、临时上下水管道以及照明、动力线路，要严格按施工组织设计中确定的施工平面图进行布置，并应做到搭设或埋设整齐美观。

⑥工人操作地点和周围必须清洁整齐，做到活完脚下清、工完场地清；丢撒在楼梯、楼板上的砂浆、混凝土要及时清除，落地灰要回收过筛后再使用。

⑦砂浆、混凝土在搅拌、运输、使用过程中，要做到不撒、不漏、不剩，混凝土必须有容器或垫板，如果有撒、漏应及时清理。

⑧要有严格的成品保护措施，严禁损坏污染成品，防止堵塞管道。

⑨工程施工所清除的垃圾渣土，要按照施工组织设计的要求，集中运送到规定的地点，严禁随意堆放，更不得随意处理，在清运渣土垃圾等废物时，要采取遮盖防漏措施，运送途中不得遗撒。

⑩应根据公路工程的规模、性质和所在地区不同情况，采取必要的围护和遮挡措施，并保持外观整洁。

⑪针对施工现场的具体情况，设置宣传标语和黑板报，并适时更换内容，切实起到表扬先进、促进后进的作用。

⑫施工现场是采用封闭式的，严禁在现场居住家属，严禁居民、家属、小孩在施工现场穿行和玩耍。

⑬在公路施工的沿线，要每隔一定距离设置临时厕所，并有专人负责清理，严禁在施工现场随地大小便。

2. 对现场机械管理方面的要求

①现场使用的机械设备，要按照平面布置规划固定点存放，遵守机械安全规程，要经常保持机身及周围环境的清洁，机械的标记、编号要明显，安全装置要可靠。

②在清洗施工机械时排出的污水要有排放措施，不得使其随地流淌而污染施工现场。

③在所用的混凝土和砂浆搅拌机旁，必须设有沉淀池，不得将浆水直接排放到下水道及河流等处。

④塔吊轨道要按规定铺设得整齐稳固，塔边要封闭，道砟不得外溢，路基内外排水要畅通。

总之，现场机械管理要从安全防护、机械安全、用电安全、保卫消防、现场管理、料具管理、环境保护、环境卫生八个方面进行定期检查。

3.职工应知两个方面的内容

（1）安全色

安全色是表达信息含义的颜色，用来表示禁止、警告、指令、指示等，其作用在于使人们能够迅速发现或分辨安全标志，提醒人们注意，预防事故发生。在工程上常用的颜色有红色、蓝色和黄色：红色表示禁止、停止、消防和危险的意思；蓝色表示指令、必须遵守的意思；黄色表示通行、安全和提供信息的意思。

（2）安全标志

安全标志是指在操作人员容易产生错误、可能造成事故的场所采取的一种标示。此标志由安全色、几何图形复合构成，是用以表达特定安全信息的特殊标志。设置安全标志的目的，是引起人们对不安全因素的注意，预防事故的发生。

三、公路工程项目文明施工管理的规定

在公路工程文明施工方面，各施工企业都根据自己的特点和经验，制定了施工过程中的具体内容。现将某公路施工企业列出的文明施工管理的规定介绍如下：

①施工企业在开工前应做好施工组织设计，绘制好总体平面布置图，设置明显的标牌，标明工程项目名称、工程概况、建设单位、设计单位、监理单位、项目经理和技术负责人的姓名、开工日期及计划交工日期。

②项目经理部必须实行目标管理，应将施工组织网络图、年度目标计划、工序交接流程、质量目标及管理制度上墙，并按季度、月份进行目标细化。高速公路工程施工企业应推行计算机动态跟踪管理。

③施工现场所有管理人员、监理人员都必须佩戴胸卡（上岗证上应附照片、姓名、职务、岗位等）。

④施工现场（工地）作业公路应保持平整，设有路标。机具材料应做到"二整"：机械设备保持状态良好、表面整洁、停置整齐；施工材料堆放有序、存储规整合理，并插置标示牌。工地现场外观应做到"三洁"：施工场地整洁、生活环境清洁、施工产品美观洁净。施工场区及施工范围内的沟道、地面应无废料、垃圾和油污，要做到工完、料尽、地清。办公室、作业区、仓库等场所内部应整洁有序，生活区中的食堂、供排水、浴室、医务室、宿舍及厕所应符

合防火、卫生、通风、照明等要求。

⑤施工标段内的每个重要人工构造物（桥梁、隧道、房建）应设置标明名称、施工负责人、技术负责人、旁站监理等内容的公告牌。

⑥各类拌和场内地区必须进行硬化处理，材料分隔堆放，并标明名称、产地、规格，对水泥、钢材等需设置防雨、隔潮设施。

⑦现场使用的主要机械设备（沥青混凝土混合料拌和设备、摊铺机、压路机等）应配设"设备标志牌"，在"设备标志牌"上应标示出设备名称、生产厂家、出场日期、使用状况，操作人员名称等。现场使用的主要拌和设备，如沥青混合料拌和楼、基层材料拌和楼、水泥混凝土拌和楼（机）等，应在控制室设立混合料生产拌和的配合比控制牌。

⑧施工现场每个施工点，均应有负责人在现场指导施工，主要部位应有技术人员盯岗，现场指挥和技术人员要熟悉操作工艺要求及质量标准。

⑨合理安排施工工序，可能对路面造成污染的附属工序要提前进行或采取相应的保护措施，有碍于间层结合的工序不准在路面上施工或摆放材料。

⑩施工便道（包括施工企业自建的临时公路和因施工需要而通行的原有公路），应进行日常养护，保证晴天行车无扬尘，雨后行车无积水，不得影响当地群众的正常生活、生产活动。

⑪施工企业应具有环保意识，对施工中产生的废弃材料不可乱弃乱放，应按要求运往指定地点进行处理存放；对易于造成环境污染的施工材料，在运输、存放及使用过程中，应采取有效措施，使之不产生污染或将污染程度降到最小。

⑫现场进行的各项施工操作，必须按施工前的施工操作安排或有关规范和规定进行，应做到层次清楚、紧张有序，杜绝违章操作和野蛮施工。

⑬监理人员对施工企业的文明施工情况应随时进行监督检查，对不能满足文明施工要求的情况要及时予以下令整改。

⑭在施工结束后，应做好临时占地的恢复工作，对施工中占用的地方公路、桥梁等应做好修复工作。

第五章　道路施工质量管理

第一节　质量管理概述

当前，世界经济的发展正经历着由数量型增长向质量型增长的转变，市场竞争也由以价格竞争为主转向以质量竞争为主。在国际市场上，产品、服务、资源和技术的竞争十分激烈，而质量是进入市场参与竞争的通行证。没有质量优势，势必在竞争中处于劣势。对于施工企业而言，实施施工质量管理的最终目的就是提升工程施工水平。施工企业通过对施工过程中的各个环节进行准确把控，可更好地保证公路工程质量。

一、质量和工程质量

（一）质量

质量是反应实体满足明确和隐含的需要能力的特征和特性的综合。这里的"明确需要"是动态的、发展的、相对的，依地域、时间、对象和环境变化而变化，一般指在合同环境中，顾客明确提出的要求。"隐含需要"是通过性能、适用性、可靠性、经济性、安全性、环境与美学反映出来的，一般指非合同环境中，顾客未明确提出，但社会的公众意识对产品有一种不言而喻的需要。

"特征与特性"是通过定性和定量的具体内容表现出来的"需要"，也是顾客评价产品或服务满足要求程度的参数（指标）。例如，更改白灰或水泥计量、按一级公路压实标准修筑二级公路等都是指标的更改。

公路工程质量特性，一般体现为施工质量、产品性能和保修期的服务等方面内容。

（二）工程项目质量

工程项目质量是国家现行的有关法律、法规、技术标准、设计文件及工程合同中对工程的安全、使用、经济、美观等特性的综合要求。其固有特性通常包括使用功能（适用性）、寿命（耐久性）以及可靠性、安全性、经济性、与环境的协调性等六个方面，这些特性满足要求的程度越高，质量就越好。工程项目质量的具体内涵应包括以下几个方面：

1. 工程项目的实体质量

任何工程项目都是由分项工程、分部工程、单位工程所组成，而分项工程则是通过一道道工序来完成的。所以，工程项目的实体质量包含工序质量、分项工程质量、分部工程质量、单位工程质量。

2. 工程项目功能和使用价值的质量

从功能和使用价值来看，工程项目质量又体现在适用性、可靠性、经济性、外观质量与环境协调等方面。由于工程项目是根据业主的要求而兴建的，不同的业主也就有不同的功能要求，所以，工程项目功能与使用价值的质量是相对于业主的需要而言的，并无一个固定和统一的标准。

3. 工程项目的工作质量

工作质量是指参与工程建设者，为了保证工程项目的质量所从事工作的水平和完善程度。工作质量包括：社会工作质量（如社会调查、市场预测、质量回访和保修服务等）和生产过程工作质量（如政治工作质量、管理工作质量、技术工作质量和后勤工作质量等）。工作质量是工程实体质量的保证和基础，而工程项目实体质量是工作质量的综合反映。

二、质量管理

确定质量方针、目标和职责并在质量体系中通过质量策划、控制、保证、改进使其实施全部管理职能的所有活动。

公路施工质量管理，是对工程施工过程中的各个环节、每道工序进行的一系列管理工作，以保证施工质量达到合同规定的要求。

按照现行国家标准《质量管理体系 标准要求》（GB/T 19001—2016/ISO 9001: 2015)的定义："质量管理是指在质量方面指挥和控制组织的协调的活动。"组织必须通过建立质量管理体系实施质量管理，其中质量方针是组织最高管理者的质量宗旨、经营理念和价值观的反映。组织最高管理者在质量方针的指导下，制定组织的质量手册、程序性管理文件和质量记录，进而落实组织制度，合理配置各种资源，明确各级管理人员在质量活动中的责任分工与权限界定等，形成组织质量管理体系的运行机制，保证整个体系的有效运行，从而实现质量目标。

（一）质量方针

质量方针是由组织的最高管理者正式发布的该组织总的质量宗旨和方向。质量方针是企业经营总方针的组成部分，是企业管理者对质量的指导思想和承诺。企业最高管理者应确定质量方针并形成文件。不同的企业可以有不同的质量方针，但都必须具有明确的号召力。"以质量求生存，以产品求发展""质量第一，服务第一""赶超世界或同行业先进水平"等这样一些质量方针很适于企业对外的宣传，因为它们是对企业质量方针的一种高度概括，具有强烈的号召力。但是，对企业内部指导活动而言，这样的描述、概括就显得过于笼统，因此需要加以明确，使之具体化。

质量方针的基本要求应包括供方的组织目标和顾客的期望和需求，也是供方质量行为的准则。

（二）质量目标

在质量方面所追求的目标是组织质量方针的具体体现，目标既要先进，又要可行，便于实施和查找。

（三）质量策划

质量策划是质量管理的一部分，它致力于制定质量目标并规定必要的运行过程和相关资源以实现质量目标。首先制定质量方针，根据质量方针设定质量目标，根据质量目标确定工作内容（措施）、职责和权限，然后确定程序和要求，最后才付诸实施，这一系列过程就是质量策划的过程。

（四）质量控制

根据现行国家标准《质量管理体系　标准要求》（GB/T 19001—2016/ISO 9001：2015）的定义，质量控制是质量管理的一部分，是致力于满足质量要求的一系列相关活动。这些活动主要包括：

①设定标准，即规定要求，确定需要控制的区间、范围、区域。

②测量结果，即测量满足所设定标准的程度。

③评价，即评价控制的能力和效果。

④纠偏，即对不满足设定标准的偏差，及时纠偏，保持控制能力的稳定性。

质量控制活动涵盖作业技术活动和管理活动。质量控制是质量管理的一部分而不是全部。质量控制是在明确的质量目标和不同的条件下，通过行动方案和资源配置的计划、实施、检查和监督，进行质量目标的事前预控、事中控制和事后纠偏控制，实现预期质量目标的系统过程。

质量控制的基本原理是运用全面全过程质量管理的思想和动态控制的原理，进行质量的事前预控、事中控制和事后纠偏控制。

（五）质量保证

质量保证也是质量管理的一部分，它致力于提供质量要求会得到满足的信任。满足质量要求是质量保证的前提，它既包括满足产品的质量要求，又包括满足过程和管理体系的质量要求。

（六）质量改进

质量改进也是质量管理的一部分，它致力于增强满足必要的要求的能力。质量改进是为向本组织及其顾客提供增值效益，在整个组织范围内所采取的提高活动和过程的效果与效率的措施。质量改进旨在消除系统性的问题，对现有的质量水平在控制的基础上加以提高，使质量达到一个新水平、新高度。

三、质量体系

质量体系是建立质量方针和质量目标并实现这些目标的一组相互关联或相互作用的要素，它是指为保证产品、过程或服务质量，满足规定（或潜在）的要求，由组织机构、程序、过程和资源所构成的有机整体。程序，是指对质量活动如何进行所作的规定；过程，是指质量形成的各个程序及为了控制每个程序的质量所需开展的质量活动；资源包括人力资源和物质资源。也就是说，质量体系是为了实现质量目标的需要而建立的综合体。为了履行合同、贯彻法规和进行评价，可要求提供体系中已确定的要素实施的证实。企业为了实施质量管理，生产出满足规定和潜在要求的产品及提供满意的服务，实现企业的质量目标，必须通过建立和健全质量体系来实现。

质量体系按体系目的可分为质量管理体系和质量保证体系两类：企业在非合同环境下，只建有质量管理体系；在合同环境下，企业应建有质量管理体系和质量保证体系。

第二节 质量管理体系的构建

质量管理体系是企业内部建立的、为保证产品质量或质量目标所必需的、系统的质量管理活动。它根据企业特点选用若干体系要素加以组合，加强从设计、研制、生产、检验到销售、使用全过程的质量管理活动，并予制度化、标准化，成为企业内部质量管理工作的要求和活动程序。在现代企业管理中，ISO 9001：2015 是企业普遍采用的质量管理体系。

一、质量管理体系的建立原则

质量管理体系是为质量管理服务的，它是搞好质量管理的依托。

质量管理体系的建立和运行要以质量方针和质量目标的展开和实施为依据，同时，一个好的质量体系也应当是经济和有效的。

企业应根据市场情况、产品类型、生产特点、顾客和消费者的需要，以标准为依据，选择适用的要素并确定采用的程度，建立质量管理体系。企业内部的质量管理体系的建立应以 GB/T 19004 标准为指南，外部的质量管理体系应按 GB/T 19001、GB/T 19002、GB/T 19003 标准的要求来建立，这样建立起来的质量管理体系才能够满足质量管理和为顾客及消费者提供信任的要求。

二、质量管理体系的基本原理

在长期的生产实践过程和理论研究中形成的 PDCA 循环，是构建质量管理体系的基本原理。从实践论的角度看，管理就是确定任务目标，并按照 PDCA 循环原理来实现预期目标。每一循环都围绕着实现预期的目标，进行计划、实施、检查和处置活动，随着对存在问题的克服、解决和改进，不断增强质量能力，提高质量水平。一个循环的四大职能活动相互联系，共同构成了质量管理的系统过程。

（一）计划

计划（Plan，P）是质量管理的首要环节，企业通过计划可以确定质量方针和目标，以及实现该方针和目标的措施与行动计划。

建设工程项目的质量计划，是由项目干系人根据其在项目实施中所承担的任务、责任范围和质量目标，分别进行质量计划而形成的质量计划体系。其中，建设单位的工程项目质量计划，包括确定和论证项目总体的质量目标，提出项目质量管理的组织、制度、工作程序、方法和要求。项目其他各方干系人，则根据工程合同规定的质量标准和责任，在明确各自质量目标的基础上，编制实施相应范围质量管理的行动方案，包括技术方法、业务流程、资源配置、检验试验要求、质量记录方式、不合格处理、管理措施等具体内容和做法的质量管理文件，同时亦应对其实现预期目标的可行性、有效性、经济合理性进行分析论证，并按照规定的程序与权限，经过审批后执行。

（二）实施

实施（Do，D）是将计划中各项措施变为现实。实施职能在于将质量的目标值，通过生产要素的投入、作业技术活动和产出过程，转换为质量的实际值。为保证工程质量的产出或形成过程能够达到预期的结果，在各项质量活动实施前，要根据质量管理计划进行行动方案的部署和交底；交底的目的在于使具体的作业者和管理者明确计划的意图和要求，掌握质量标准及其实现的程序与方法。在质量活动的实施过程中，则要求严格执行计划的行动方案、规范行为，把质量管理计划的各项规定和安排落实到具体的资源配置和作业技术活动中去。

（三）检查

检查（Check，C）是指对计划实施过程进行各种检查，包括作业者的自检、互检和专职管理者专检。各类检查包含两大方面：一是检查是否严格执行了计划的行动方案、实际条件是否发生了变化，以及不执行计划的原因；二是检查计划执行的结果，即产出的质量是否达到标准的要求，并对此进行确认和评价。

（四）处置

处置（Action，A）是指对于质量检查所发现的质量问题或质量不合格，及时进行原因分析，采取必要的措施，予以纠正，保持工程质量形成过程的受控状态。处置分为纠偏和预防改进两个方面。前者是采取应急措施，解决当前的质量偏差、问题或事故；后者是提出目前质量状况信息，并反馈管理部门，反思问题症结或计划时的不周，确定改进目标和措施，为今后类似问题的质量预防提供借鉴。

三、质量管理体系的文件构成

1. 质量方针和质量目标

质量方针和质量目标一般都以简明的文字来表述，是企业质量管理的方向目标，应反映用户及社会对工程质量的要求及企业相应的质量水平和服务承诺，也是企业质量经营理念的体现。

2. 质量手册

质量手册是规定企业组织建立质量管理体系的文件，其内容一般包括：企业的质量方针、质量目标；组织机构及质量职责；体系要素或基本控制程序；质量手册的评审、修改和控制的管理办法。质量手册作为企业质量管理系统的纲领性文件，应具备指令性、系统性、协调性、先进性、可行性和可检查性。

3. 程序文件

各种生产、工作和管理的程序文件是质量手册的支持性文件，是企业各职能部门为落实质量手册要求而规定的细则，企业为落实质量管理工作而建立的各项管理标准、规章制度都属程序文件范畴。一般有以下六个方面的程序为通用性管理程序：文件控制程序；质量记录管理程序；内部审核程序；不合格品控制程序；纠正措施控制程序；预防措施控制程序。

4. 质量记录

质量记录是产品质量水平和质量体系中各项质量活动进行及结果的客观反映，应具有可追溯性的特点。质量记录应完整地反映质量活动实施、验证和评审的情况，并记载关键活动的过程参数。质量记录以规定的形式和程序进行，并应有实施、验证、审核等人员的签署意见。

四、质量管理体系的建立步骤

建立、完善质量管理体系一般要经历质量管理体系的策划与设计、质量管理体系文件的编制、质量管理体系的试运行、质量管理体系的审核和评审四个阶段，每个阶段又可分为若干具体步骤。

（一）质量管理体系的策划与设计

质量管理体系的策划与设计主要包括：教育培训，统一认识；组织落实，拟订计划；确定质量方针，制定质量目标；现状调查和分析；调整组织结构，配备资源；等等。

1. 教育培训，统一认识

质量管理体系建立和完善的过程，是始于教育、终于教育的过程，也是提高认识和统一认识的过程，教育培训要分层次、循序渐进地进行。第一层次为决策层，包括党、政、技（术）领导，需要进行的主要培训有：通过介绍质量管理和质量保证的发展和本单位的经验教训，说明建立、完善质量体系的迫切性和重要性；通过 ISO 9000 族标准的总体介绍，提高按国家（国际）标准建立质量管理体系的认识；通过质量管理体系要素讲解（重点应讲解"管理职责"等总体要素），明确决策层领导在质量管理体系建设中的关键地位和主导作用。

第二层次为管理层，重点是管理、技术和生产部门的负责人，以及与建立质量管理体系有关的工作人员。第二层次的人员是建设、完善质量管理体系的骨干力量，起着承上启下的作用，为使他们全面接受 ISO 9000 族标准有关内容的培训，在教育培训过程中可采取讲解与研讨结合的方法。

第三层次为执行层，即与产品质量形成全过程有关的作业人员。对这一层次人员主要培训与本岗位质量活动有关的内容，包括在质量活动中应承担的任务、完成任务应赋予的权限，以及造成质量过失应承担的责任等。

2. 组织落实，拟订计划

尽管质量管理体系建设涉及一个组织的所有部门和全体职工，但对多数单位来说，成立一个精干的工作班子是有必要的。根据一些单位的做法，这个班子也可分三个层次。

第一层次：成立以最高管理者为组长，质量主管领导为副组长的质量管理体系建设领导小组（或委员会）。其主要任务包括：编制体系建设的总体规划；制定质量方针和目标；按职能部门进行质量职能的分解。

第二层次：成立由各职能部门领导（或代表）参加的工作班子。这个工作班子一般由质量部门和计划部门的领导共同牵头，其主要任务是按照体系建设的总体规划具体组织实施。

第三层次：成立要素工作小组。根据各职能部门的分工明确质量管理体系要素的责任单位。

3. 确定质量方针，制定质量目标

质量方针体现了一个组织对质量的追求，对顾客的承诺，是职工质量行为的准则和质量工作的方向。

制定质量方针的要求：与总方针相协调；应包含质量目标；结合组织的特点；确保各级人员都能理解和坚持执行。

4. 现状调查和分析

现状调查和分析的目的是合理地选择体系要素，内容包括：

①体系情况分析，即分析本组织的质量管理体系情况，以便根据所处的质量管理体系情况选择质量管理体系要素。

②产品特点分析，即分析产品的技术密集程度、使用对象、产品安全特性等，以确定要素的采用程度。

③组织结构分析，即分析组织的管理机构设置是否适应质量管理体系的需要，应建立与质量管理体系相适应的组织结构并确立各机构的隶属关系、联系方法。

④检验生产设备和检测设备能否适应质量管理体系的有关要求。

⑤对技术、管理和操作人员的组成、结构及水平状况的分析。

⑥管理基础工作情况分析，即对标准化、计量、质量责任制、质量教育和质量信息等的分析。

5. 调整组织结构，配备资源

在一个组织中，除质量管理外，还有其他各种管理。组织机构设置由于历史沿革多数并不是按质量形成客观规律来设置相应的职能部门的，所以在完成落实质量管理体系要素并展开相对应的质量管理活动后，必须将活动中相应的工作职责和权限分配到各职能部门中。一方面是客观展开的质量管理活动，另一方面是现有的职能部门，两者之间的关系要处理好。一般地讲，一个质量职能部门可以负责或参与多个质量管理活动，但不要让一项质量管理活动由多个职能部门来负责。

（二）质量管理体系文件的编制

质量体系文件的编制内容和要求，从质量管理体系的建设角度讲，应强调几个问题：

①体系文件一般应在第一阶段工作完成后才正式制订，必要时也可交叉进行。如果前期工作不做，直接编制体系文件就容易产生系统性、整体性不强，以及脱离实际等弊病。

②除质量手册需统一组织制订外，其他体系文件应按分工由归口职能部门分别制订，先提出草案，再组织审核，这样做有利于今后文件的执行。

③质量管理体系文件的编制应结合本单位的质量管理职能分配进行：按所选择的质量管理体系要求，逐个展开为各项质量管理活动（包括直接质量管理活动和间接质量管理活动），将质量管理职能分配落实到各职能部门。质量管

理项目的分配可采用矩阵图的形式表述，质量职能矩阵图也可作为附件附于质量手册之后。

④为了使所编制的质量管理体系文件做到协调、统一，在编制前应制订"质量体系文件明细表"，将现行的质量手册（如果已编制）、企业标准、规章制度、管理办法以及记录表收集在一起，与质量管理体系要素进行比较，从而确定新编、增编或修订质量管理体系文件项目。

⑤为了提高质量管理体系文件的编制效率，减少返工，在文件编制过程中要加强文件的层次间、文件与文件间的协调。尽管如此，一套质量好的质量管理体系文件也要经过自上而下和自下而上的多次反复。

⑥编制质量管理体系文件的关键是讲求实效、不走形式，既要从总体上和原则上满足 ISO 9000 族标准，又要在方法上和具体做法上符合本单位的实际。

（三）质量管理体系的试运行

在质量管理体系文件编制完成后，质量管理体系将进入试运行阶段。其目的，是通过试运行，考验质量管理体系文件的有效性和协调性，并对暴露出的问题，采取改进措施和纠正措施，以达到进一步完善质量管理体系文件的目的。

在质量管理体系试运行过程中，要重点抓好以下工作：

①有针对性地宣传和贯彻质量管理体系文件。使全体职工认识到新建立或完善的质量管理体系是对过去质量管理体系的变革，是为了向国际标准接轨，要适应这种变革就必须认真学习、贯彻质量管理体系文件。

②实践是检验真理的唯一标准。体系文件通过试运行必然会出现一些问题，全体职工应将从实践中出现的问题和改进意见如实反映给有关部门，以便采取纠正措施。

③将体系试运行中暴露出的问题，如体系设计不周、项目不全等进行协调、改进。

④加强信息管理，不仅是体系试运行本身的需要，也是保证试运行成功的关键。所有与质量管理活动有关的人员都应按体系文件要求，做好质量信息的收集、分析、传递、反馈、处理和归档等工作。

（四）质量管理体系的审核与评审

质量管理体系审核在体系建立的初始阶段往往更加重要。在这一阶段，质量管理体系审核的重点，主要是验证和确认体系文件的适用性和有效性。

1. 审核与评审的主要内容

①规定的质量方针和质量目标是否可行。

②体系文件是否覆盖了所有主要质量管理活动，各文件之间的接口是否清楚。

③组织结构能否满足质量管理体系运行的需要，各部门、各岗位的质量职责是否明确。

④质量管理体系要素的选择是否合理。

⑤规定的质量记录是否能起到见证作用。

⑥所有职工是否养成了按体系文件操作或工作的习惯，执行情况如何。

2. 该阶段体系审核的特点

①在正式运行阶段，体系审核的重点在符合性上，而在试运行阶段，通常是将符合性与适用性结合起来进行。

②为使问题尽可能地在试运行阶段暴露无遗，除组织审核组进行正式审核外，还应有广大职工的参与，鼓励他们通过试运行的实践，发现和提出问题。

③在试运行的每一阶段结束后，一般应正式安排一次审核，以便及时对发现的问题进行纠正，对一些重大问题也可根据需要，适时地组织审核。

④在试运行中要对所有要素审核覆盖一遍。

⑤应充分考虑对产品的保证作用。

⑥在内部审核的基础上，应由最高管理者组织一次体系评审。

应当强调，质量管理体系是在不断改进中完善的，质量管理体系进入正常运行后，仍然要采取内部审核、管理评审等手段以使质量管理体系能够持续改进和不断完善。

五、质量管理体系的认证

（一）认证

"认证"一词的英文原意是一种出具证明文件的行动。国际标准化组织（ISO）和国际电工委员会（IEC）在《标准化与相关活动·通用词汇》（ISO/IEC 指南 2：2004）中对"认证"的定义是"由可以充分信任的第三方证实某一经鉴定的产品或服务符合特定标准或规范性文件的活动"。质量管理认证制度是由公正的第三方认证机构对企业的产品及质量管理体系做出正确可靠的评价，从而使社会对企业的产品建立信心的一种制度。

（二）质量管理体系的认证程序

1.申请和受理

具有法人资格，并已按 GB/T 19000—ISO 9000 系到标准或其他国际公认的质量管理体系规范建立了文件化的质量管理体系，并在生产经营全过程贯彻执行的企业可提出申请。申请单位应按要求填写申请书，认证机构经审查符合后接受申请，若不符合则不接受申请，均予发出书面通知书。

2.审核

认证机构派出审核组对申请方质量管理体系进行检查和评定，包括文件审查、现场审核，并提出审核报告。

3.审批与注册发证

认证机构对审核组提出的审核报告进行全面审查，符合标准者批准并予以注册，发给认证证书（内容包括证书号、注册企业名称地址、认证和质量管理体系覆盖产品的范围、评价依据及质量保证模式标准及说明、发证机构、签发人和签发日期）。

第三节　道路施工质量管理的主要内容

工程质量好与坏，是一个根本性的问题。工程项目建设，投资大，建成及使用时期长，只有合乎质量标准，才能投入生产和交付使用，发挥投资效益。世界上许多国家对工程质量的要求，都有一套严密的监督检查办法。自 1984年开始，我国改变了长期以来由生产者自我评定工程质量的做法，实行企业自我监督和社会监督相结合的工程质量检查方法，大力加强社会监督。随着人们对质量管理理论实践应用经验的分析和研究的深入，质量管理的理论、方法也在不断地创新、丰富、发展和完善，及时了解这些质量管理理论的新成果、新发展，把握这些理论和方法的变化和发展趋势，对促进自身质量管理水平的提高具有重要的意义。

一、质量管理原则

（一）以顾客为关注焦点

组织（从事一定范围生产经营活动的企业）依存于其顾客。组织应理解顾客当前的和未来的需求，满足顾客要求并争取超越顾客的期望。

（二）领导作用

领导者确立本组织统一的质量宗旨和方向，并营造和保持使员工充分参与实现组织目标的内部环境氛围，因此领导在企业的质量管理中起着决定性的作用。只有领导重视，各项质量活动才能有效开展。

（三）全员参与

各级人员都是组织之本，只有全员充分参加，才能使他们的才干为组织带来收益。产品质量是产品形成过程中全体人员共同努力的结果，其中也包含着为他们提供支持的管理、检查、行政人员的贡献。企业领导应对员工进行质量意识等各方面的教育，激发他们的积极性和责任感，为其能力、知识、经验的提高提供机会，发挥其创造精神，鼓励其持续改进，给予其必要的物质和精神奖励，使全员积极参与，为达到让顾客满意的目标而奋斗。

（四）过程方法

将相关的资源和活动作为过程进行管理，可以更高效地得到期望的结果。任何使用资源将输入转化为输出的一组相关联的活动都可视为过程。一般在过程的输入端、过程的不同位置及输出端都存在着可以进行测量、检查的机会和控制点，对这些控制点实行测量、检测和管理，便能控制过程的有效实施。

（五）管理的系统方法

将相互关联的过程作为系统加以识别、理解和管理，有助于组织提高实现其目标的有效性和效率。不同企业应根据自己的特点，建立资源管理、过程实现、测量分析改进等方面的关联关系，并加以控制，即采用过程网络的方法建立质量管理体系，实施系统管理。一般建立和实施质量管理体系包括：

①确定顾客和其他相关方的需求和期望。
②建立组织的质量目标和方针。
③确定实现质量目标的过程和职责。
④确定实现质量目标必须提供的资源。
⑤规定测量每个过程的有效性的方法。
⑥应用这些测量方法确定每个过程的有效性。
⑦确定防止不合格并清除产生原因的措施。
⑧建立和应用持续改进质量管理体系的过程。

（六）持续改进

持续改进总体业绩是组织的一个永恒目标，其作用在于增强企业满足质量要求的能力，包括产品质量、过程及体系的有效性和效率的提高。持续改进是增强和满足质量要求能力的循环活动，它能够使企业的质量管理走上良性循环的轨道。

（七）循证决策

有效的决策应建立在数据和信息分析的基础上，数据和信息分析是事实的高度提炼。以事实为依据做出决策，可防止决策失误。为此企业领导应重视数据信息的收集、汇总和分析，以便为决策提供依据。

（八）关系管理

组织与供方是相互依存的，建立双方的互利关系可以增强双方创造价值的能力。供方提供的产品是企业提供产品的一个组成部分。如何处理好与供方的关系，是涉及企业能否持续稳定提供顾客满意产品的一个重要问题。因此，对供方不能只讲控制，不讲合作互利，特别是关键供方，更要建立互利关系，这对企业与供方双方都有利。

二、施工准备阶段的质量管理

施工准备阶段的质量管理是指项目正式施工活动开始前及项目开工后，对各项准备工作及影响质量的各因素和有关方面进行的各种控制活动。施工准备工作是为保证施工生产正常进行而必须事先做好的管理工作。施工准备工作不仅是在工程开工前要做好，而且贯穿于整个施工过程。施工准备工作的基本任务就是为施工项目建立一切必要的施工条件，确保施工生产顺利进行，确保工程质量符合要求。

（一）员工质量教育与培训

施工企业应通过教育培训和其他措施提高员工的能力，增强质量和顾客意识，使员工满足所从事的质量工作对能力的要求。项目领导班子应着重以下几方面的培训：质量意识教育；充分理解和掌握质量方针和目标；质量管理体系有关方面的内容；质量保持和持续改进意识。

施工企业可以通过面试、笔试、实际操作等方式检查培训的有效性，还应保留员工的教育、培训及技能认可的记录。

（二）制订施工质量计划

1. 施工质量计划内容

①工程特点及施工条件分析（合同条件、法规条件和现场条件）。

②质量总目标及其分解目标。

③质量管理组织机构和职责、人员及资源配置计划。

④确定施工工艺与操作方法的技术方案和施工任务的流程组织方案。

⑤施工材料、设备物资等质量管理及控制措施。

⑥施工质量检验、检测、试验工作的计划安排及其实施方法与接收准则。

⑦施工质量控制点及其跟踪控制的方式与要求。

⑧记录的要求。

2. 施工质量计划的审批

施工单位的项目施工质量计划在编成后，应按照工程施工管理程序进行审批，其主要包括施工企业内部的审批和项目监理机构的审查。企业内部的审批，由项目经理部主持编制，报企业组织管理层批准。项目监理机构的审查，即项目监理机构"在工程开工前，总监理工程师应组织专业监理工程师审查承包单位报送的施工组织设计（方案）报审表，提出意见，并经总监理工程师审核、签认后报建设单位"。

（三）施工组织设计文件的审核

施工组织设计文件是直接指导现场施工作业技术活动和管理工作的纲领性文件。工程项目施工组织设计是以施工技术方案为核心的。施工方案的合理与否关系到工程实施的可行性以及质量的好坏。施工单位在开工前应组织员工进行图纸会审，认真研究施工方案，开碰头会，集思广益，共献良策，制订几种方案，从中选择最适合的方案，按照方案编制各个工序的作业指导书，并在施工生产前对责任人交底，并将各项要求传达到每个施工岗位上，做到责任到人、层层监督。对施工方案的审核主要包括以下内容：

①全面正确地分析工程特征、技术关键及环境条件等资料，明确质量目标、验收标准、控制的重点和难点。

②制订合理有效的、有针对性的施工技术方案和组织方案，前者包括施工工艺、施工方法，后者包括施工区段划分、施工流向及劳动组织等。

③合理选用施工机械设备和施工临时设施，合理布置施工总平面图和各阶段施工平面图，选用和设计保证质量与安全的模具、脚手架等施工设备。

④编制工程所采用的新材料、新技术、新工艺的专项技术方案和质量管理方案。

（四）施工机械的质量管理

施工机械设备、设施、工器具等施工生产手段的配置及其性能，对施工质量、安全、进度和施工成本有重要的影响，合理选择施工机械设备是保证施工质量的重要措施。

①对施工所用的机械设备，应根据工程需要，从设备选型、主要性能参数及使用操作要求等方面加以控制。

②模板、脚手架等施工设施，除按适用的标准定型选用外，一般需按设计及施工要求进行专项设计，对其设计方案及制作质量的控制及验收应作为重点进行控制。

③按现行施工管理制度要求，工程所用的施工机械、模板、脚手架，特别是危险性较大的现场安装的起重机械设备，施工单位不仅要履行设计安装方案的审批手续，而且安装完毕启用前必须经专业管理部门的验收，合格后方可使用。同时，在使用过程中尚需落实相应的管理制度，以确保其安全正常使用。

（五）材料设备的质量管理

建筑材料、构配件和设备是直接构成工程实体的物质，应从施工备料开始进行控制，包括对供货厂商的评审、询价、采购计划与方式的控制等。因此，施工单位必须有健全有效的采购控制程序，必须将采购计划报送工程监理机构审查，实施采购质量预控。材料在选用时，应先选用节能降耗的新型建筑材料，禁止使用国家明令淘汰的建筑材料。建筑材料或工程设备在使用前应进行检查，检查的内容主要包括：是否有产品质量检验合格证明；是否有中文标明的产品名称、生产厂名和厂址；产品包装和商标式样是否符合国家有关规定和标准要求；工程设备是否有产品详细的使用说明书，电气设备还应附有线路图；实施生产许可证或实行质量认证的产品，是否有相应的许可证或认证证书。

（六）设计交底和图纸审核的质量控制

设计图纸是进行质量控制的重要依据。为使施工单位熟悉有关的设计图纸，充分了解拟建项目的特点、设计意图和工艺与质量要求，减少图纸的差错，消灭图纸中的质量隐患，必须要做好设计交底和图纸审核工作。

设计交底是指在施工图完成并经审查合格后，设计单位在设计文件交付施工时，按法律规定的义务就施工图设计文件向施工单位和监理单位做出详细的说明。其目的是向施工单位和监理单位正确贯彻设计意图，使其加深对设计文件特点、难点、疑点的理解，掌握关键工程部位的质量要求，确保工程质量。

在设计交底时，设计单位主要应将以下内容向相关单位进行说明：

①地形、地貌、水文气象、工程地质及水文地质等自然条件。

②施工图设计依据：初步设计文件，规划、环境等要求，设计规范。

③设计意图：设计思想、设计方案比较、基础处理方案、结构设计意图、设备安装和调试要求、施工进度安排等。

④施工注意事项：对基础处理的要求，对建筑材料的要求，采用新结构、新工艺的要求，施工组织和技术保证措施等。

图纸审核是设计单位和施工单位进行质量控制的重要手段，也是使施工单位通过审查熟悉设计图纸，了解设计意图和关键部位的工程质量要求，发现和减少设计差错，保证工程质量的重要方法。

图纸审核的主要检查内容包括：

a.对设计者的资质进行认定；

b.设计是否满足抗震、防火、环境卫生等要求；

c.图纸与说明是否齐全；

d.图纸中有无遗漏、差错或相互矛盾之处，图纸表示方法是否清楚并符合标准要求；

e.地质及水文地质等资料是否充分、可靠；

f.所需材料来源有无保证，能否替代；

g.施工工艺、方法是否合理，是否切合实际，是否便于施工，能否保证质量要求；

h.施工图及说明书中涉及的各种标准、图册、规范、规程等，施工单位是否具备。

（七）物资采购的质量控制

物资采购的质量控制主要包括对采购产品及其供方的控制，制订采购要求和验证采购产品。建设项目中的工程分包，也应符合规定的采购要求。

物资采购应符合设计文件、标准、规范、相关法规及承包合同要求。如果项目部另有附加的质量要求，也应予以满足。对于重要物资、大批量物资、新型材料以及对工程最终质量有重要影响的物资，可由企业主管部门对可供选用的供方进行逐个评价，并确定合格供方名单。

采购要求是物资采购质量控制的重要内容。采购要求的形式可以是合同、订单、技术协议、询价单及采购计划等。

采购要求包括：

a.有关产品的质量要求或外包服务要求；

b.有关产品提供的程序性要求，如供方提交产品的程序、供方生产或服务提供的过程要求、供方设备方面的要求；

c.对供方人员资格的要求；

d.对供方质量管理体系的要求。

（八）明确关键部位的质量管理点

施工质量控制点是施工质量管理的重点控制对象。质量控制点选择技术要求高、施工难度大、对工程质量影响大的对象进行设置。一般应选择下列部位或环节作为质量控制点：

a.施工过程中的重要项目、薄弱环节和关键部位；

b.影响工期、质量、成本、安全、材料消耗等重要因素的环节；

c.新材料、新技术、新工艺的施工环节；

d.质量信息反馈中缺陷频数较多的项目。

例如，土方路基工程施工中常见的质量控制关键点为：

a.施工放样与断面测量；

b.路基原地面处理，按施工技术合同或规范规定要求处理，并认真整平压实；

c.使用适宜材料，必须采用设计和规范规定的适用材料，保证原材料合格，正确确定土的最大干密度和最佳含水量；

d.每层的松铺厚度、横坡及填筑速率；

e.分层压实，控制填土的含水量，确保压实度达到设计要求。

三、施工过程的质量管理

（一）认真做好施工技术交底工作

公路工程施工项目的施工技术交底是指在项目开工前由主管技术领导向参与施工的人员进行的技术性交代，其目的是使施工人员对工程特点、技术质量要求、施工方法与措施等方面有一个较详细的了解，以便于科学地组织施工，避免技术质量等事故的发生。施工技术交底是施工组织设计和施工方案的具体化，施工技术交底的内容必须具有可行性和可操作性。

1. 施工技术交底的内容

在公路工程项目开工前，项目部施工技术人员必须认真做好施工技术交底工作，施工总承包方和监督机构要对施工技术交底进行监督。施工技术交底的内容包括：

a. 承包合同中有关施工技术管理和监理办法，合同条款规定的法律、经济责任和工期；

b. 设计文件、施工图及说明要点等内容；

c. 分部、分项工程的施工特点，质量要求；

d. 施工技术方案；

e. 工程合同技术规范、使用的工法或工艺操作规程；

f. 材料的特性、技术要求及节约措施；

g. 季节性施工措施；

h. 安全、环保方案；

i. 各单位在施工中的协调配合、机械设备组合、交叉作业及注意事项；

j. 试验工程项目的技术标准和采用的规程。

2. 施工技术交底的形式及方式

施工技术交底的形式有书面、口头、会议、挂牌、样板、示范操作等。其方式包括：项目经理部的技术交底工作由项目经理组织，项目总工程师主持实施；工长（技术负责人）负责组织向本责任区内的班组交底。

（二）加强公路工程施工测量控制

公路施工测量放线是公路工程产品由设计转化为实物的第一步，制约着施工过程中各有关环节的质量、进度，施工测量质量的好坏，直接决定工程的定位和标高是否正确，并且制约施工过程有关工序的质量。因此，施工单位在开工前应编制测量控制方案，经项目技术负责人批准后方可实施。另外，施工单位必须对建设单位提供的原始标点、基准线和水准点等测量控制点进行复核，并将复测结果上报监理工程师审核，经批准后，施工单位才能建立施工测量控制网。

在实际施工过程中，施工单位还必须加强工程测量管理，采取确实可行的措施，全方位地做好施工测量放线工作，以保证和提高施工质量。具体如下：

①要提高测量放线人员的素质。测量放线人员作为一个合格的、专业的测量员，首先要具备吃苦耐劳、细心谨慎、团结协作的基本条件，其次要提高读图能力，强化质量意识，养成事前反复考虑、事后认真检查的好习惯。

②要增加测量仪器的成本投入，采取先进的测量工具，做好测量仪器的定期检测工作。

③要合理安排施工工序，为测量放线提供较好的施工环境，从而保证测量放线成果。

④全民动员，从领导到各专业工程师均要提高对测量工作的认识。施工单位为保证测量工作的质量，提高测量工作效率，在测量工作的各个程序中实行双检制：各工点、工序范围内的测量工作，测量组应自检复核签认，分工衔接上的测量工作，由测量队或测量组进行互检复核和签认；项目测量队组织对控制网点和测量组设置的施工用桩及重大工程的放样进行复核测量，经项目技术部门主管现场进行检查签认，总工程师审核签认合格后，报驻地监理工程师审批认可；项目经理部总工和技术部门负责人要对测量队、组执行测量复核签认制进行检查，并做好检查记录。测量队对测量组执行测量复核签认制进行检查，并做好检查记录。

（三）加强公路工程计量控制

公路工程计量是投资控制的中心环节，也是对工程项目建设质量、进度控制的有力手段之一。它是按照现行规范规定的方法对承包商符合要求的已完工程的实际数量所进行的测量、计算、核查和确认的过程。

1.公路工程计量的组织类型

①监理工程师独立计量。计量工作由监理工程师单独承担，然后将计量的记录送承包人。承包人对计量有异议，可在 7d 内以书面形式提出，再由监理工程师对承包商提出的质疑进行复核，并将复议后的结果通知承包人。

②承包人进行计量。由承包人对已完的工程进行计量，然后将计量的记录及有关资料报送监理工程师核实确认。

③监理工程师与承包人共同计量。在进行计量前，由监理工程师通知承包人计量的时间与工程部位，然后由承包人派人同监理工程师共同计量，计量后双方签字认可。

2.公路工程计量的内容及要求

公路工程施工过程的计量包括施工生产时的投料计量、施工测量、监测计量以及对项目、产品或过程的测试、检验、分析计量等。其正确性与可靠性直接关系到工程质量的形成和客观的效果评价。因此，在施工过程中，计量工作应按下列要求进行：必须建立和完善施工现场计量管理的规章制度；建立计量管理部门，明确计量控制责任者和配置必要的计量人员，具体工程内容的计量应落实到人，为了保证计量的准确性，还必须有负责检查、复核的人员以及最终签认的人员，使计量工作按规定的程序进行；严格按规定对计量器具进行维修和校验（在使用前，应到国家法定计量技术检定机构对测量仪器、工具检定），仪器精度与性能应符合合同条件及规范要求；统一计量单位，组织量值传递，保证量值统一，从而保证施工过程中计量的准确，同时对计量人员资格、计量程序的准确性等进行控制。

3.公路工程计量的原则

①按照合同应计量的所有工程细目，应以公制的物理计量单位或习惯的自然计量单位进行计量。

②确定按合同完成的工程数量所采用的量测和计算方法，如在有关部分未做具体规定时，应符合我国公路工程的习惯做法。

③一切工程的计量，应由承包人提供符合精度要求的计量设备和条件，并由承包人计算后报监理工程师审核确认。

④凡超过了图纸所示或监理工程师指示或同意的任何长度、面积或体积，都不予计量。全部必需的模板、脚手架、装备、机具和连接螺栓、垫圈等其他材料，应包括在其他支付细目中，不单独计量。

⑤如果规范规定的任何分项工程或其细目未在工程量清单中出现，则应被认为是其他相关工程的附属义务，不再单独计量。

（四）加强公路工程工序施工质量控制

公路工程项目的施工过程，是由一系列相互关联、相互制约的工序所构成时，工序质量是基础，直接影响工程项目的整体质量。要想控制公路工程项目施工过程的质量，就必须首先控制工序的质量。因此，工序的质量控制是施工阶段质量控制的重点。只有严格控制工序质量，才能确保施工项目的实体质量。

1.严格遵守工艺规程

施工工艺和操作规程，是进行施工操作的依据和法规，是确保工序质量的前提，任何人都必须严格执行，不得违犯。

2.主动控制工序活动条件的质量

工序活动条件包括的内容较多，主要是指影响质量的五大因素，即施工操作者、材料、施工机械设备、施工方法和施工环境。只要将这些因素切实有效地控制起来，使它们处于被控制状态，才能确保工序投入品的质量，避免系统性因素变异发生，才能保证每道工序的质量正常、稳定。

3. 及时检验工序活动效果的质量

工序活动效果是评价工序质量是否符合标准的尺度。为此，施工单位必须加强质量检验工作，对质量状况进行综合统计与分析，及时掌握质量动态，一旦发现质量问题，应立即研究处理，自始至终使工序活动效果的质量满足规范和标准的要求。

4. 设置工序质量控制点

控制点是指为了保证工序质量而需要进行控制的重点或关键部位或薄弱环节，为了更有效地做好事前质量控制，施工单位应设置工序质量控制点，以便在一定时期内、一定条件下进行强化管理，使工序处于良好的控制状态。

（五）加强公路工程施工质量检查

施工质量检查是贯穿整个施工过程的最基本的质量控制活动，包括施工单位的内部的工序质量检查、互检、专检和交接检查，以及现场监理机构的旁站检查、平行检查等。施工现场质量检查是公路工程施工过程质量管理的主要手段。

1. 现场质量检查控制的方法

公路工程施工现场质量检查控制的方法主要有测量、试验、观察、分析、监督、总结提高。

2. 现场质量检查的内容

现场质量检查的内容如下：

①开工前的检查，目的是检查是否具备开工条件，开工后能否连续正常施工，能否保证工程质量。

②工序交接的检查，对于重要的工序或对工程质量有重大影响的工序，在自检、互检的基础上，还要组织专职人员进行工序交接检查。

③隐蔽工程的检查，凡是隐蔽工程均应检查认证后方能掩盖。

④停工后复工前的检查，因处理质量问题或某种原因停工后需复工时，亦应经检查认可后方能复工。

⑤分项、分部工程完工后，应经检查认可，签署验收记录后，才允许进行下一工程项目施工。

⑥成品保护的检查，检查成品有无保护措施，或保护措施是否可靠。

此外，施工管理人员还应经常深入现场，对施工操作质量进行巡视检查；必要时，还应进行跟班或追踪检查。

3.现场质量检查的方法

现场质量检查的方法有目测法、实测法和试验法三种。

（1）目测法

目测法的手段可归纳为看、摸、敲、照四个字。看，就是根据质量标准进行外观目测；摸，就是手感检查；敲，是运用工具进行音感检查；照，对于难以看到或光线较暗的部位，则可采用镜子反射或灯光照射的方法进行检查。

（2）实测法

实测法，就是通过实测数据与施工规范及质量标准所规定的允许偏差对照，来判别质量是否合格。实测法的手段，也可归纳为靠、吊、量、套四个字。靠，是用直尺、塞尺检查地面的平整度；吊，是用托线板以线锤吊线检查垂直度；量，是用测量工具和计量仪表等检查断面尺寸、轴线、标高、湿度、温度等偏差；套，是用方尺套方，辅以塞尺检查。

（3）试验法

试验指必须通过试验手段，才能对质量进行判断的检查方法，如对桩或地基进行静载试验，确定其承载力，或对钢筋对焊接头进行拉力试验，检验焊接的质量等。

（六）加强公路工程成品保护的管理

公路工程项目已完施工的成品保护，目的是避免已完施工成品受到来自后续施工以及其他方面的污染或损坏，已完施工的成品保护问题和相应措施，在工程施工组织设计与计划阶段就应该从施工顺序上进行考虑，防止施工顺序不当或交叉作业造成相互干扰、污染和损坏；成品形成后可采取防护、覆盖、封闭、包裹等相应措施进行保护。

四、竣工阶段的质量管理

竣工阶段的质量管理主要是施工项目竣工验收的质量控制，是整个项目施工质量控制的最后环节，是对施工过程质量控制成果的全面检验。竣工验收是综合评价工程建设成果，对工程质量、参建单位和建设项目进行综合评价的过程。

（一）明确竣工质量验收的依据

①国家相关法律法规和交通部颁布的管理条例和办法。

②批准的工程初步设计、施工图设计及变更设计文件及说明。

③批准的招标文件及工程施工承包合同。

④行政主管部门的有关批复、指示文件。

⑤公路工程施工质量验收规范。

（二）严格按照竣工验收要求验收

①检验批的质量应按主控项目和一般项目验收。

②工程质量的验收均应在施工单位自检合格的基础上进行。

③隐蔽工程在隐蔽前应由施工单位通知监理工程师或建设单位专业技术负责人进行验收，并应形成验收文件，验收合格后方可继续施工。

④参加工程施工质量验收的各方人员应具备规定的资格，单位工程的验收人员应具备工程建设相关专业的中级以上技术职称并具有 5 年以上从事工程建设相关专业的工作经历，参加单位工程验收的签字人员应为各方项目负责人。

⑤涉及结构安全的试块、试件以及有关材料，应按规定进行见证取样检测；对涉及结构安全、使用功能、节能、环境保护等重要分部工程应进行抽样检测。

⑥承担见证取样检测及有关结构安全、使用功能等项目的检测单位应具备相应资质。

⑦工程的观感质量应由验收人员现场检查，并应共同确认。

（三）严格按照竣工验收程序验收

公路工程项目竣工验收，应该严格按照竣工验收准备、竣工预验收（初步验收）和正式验收三个环节进行。整个验收过程必须按照工程项目质量控制系统的职能分工，以监理工程师为核心进行竣工验收的组织协调。

1.竣工验收准备

施工单位应按照合同规定的施工范围和质量标准进行自查、自评，质量合格后，应向现场监理机构（或建设单位）提交工程竣工申请报告，要求组织工程竣工验收。

①属于承包人一家独立承包的施工项目，应由企业技术负责人组织项目经理部的项目经理、技术负责人、施工管理人员和企业的有关部门对工程质量进行检验评定，并做好质量检验记录。

②依法实行总分包的项目，应按照法律、行政法规的规定，承担质量连带责任，按规定的程序进行自检、复检和报审，直到工程竣工交接报验结束为止。

③若施工项目是实行总分包管理模式的，则应分两步进行：首先，由分包人对工程进行自检，向总包人提交完整的工程施工技术档案资料，总包人据此对分包工程进行复检和验收；然后，由总包人向工程监理机构递交工程竣工验收报告。

2. 竣工预验收

监理机构（或建设单位）收到施工单位的工程竣工申请报告后，应由总监理工程师组织专业监理工程师就验收的准备情况和验收条件进行审查，符合竣工验收条件的予以签认。对于工程实体质量及档案资料存在的缺陷，应督促施工单位及时提出整改意见，并与施工单位协商整改清单，确定整改要求和完成时间。工程预验收可由项目总监理工程师主持，一般分成三个大组，分别是外观组、资料组、实测组。

公路工程竣工验收应具备下列条件：

a. 完成合同约定的各项内容；

b. 有完整的技术档案和施工管理资料；

c. 有工程使用的主要建筑材料、构配件和设备的进场试验报告；

d. 有工程勘察、设计、施工、工程监理、质量监督机构等单位分别签署的质量合格文件；

e. 有施工单位签署的工程保修书。

3. 正式验收

公路工程符合竣工验收条件后，建设单位（项目法人）应按照项目管理权限及时向交通主管部门申请正式竣工验收。交通主管部门应当自收到申请之日起 30 日内，对申请人递交的材料进行审查：对于不符合竣工验收条件的，应当及时退回并告知理由；对于符合验收条件的，应自收到申请文件之日起 3 个月内组织竣工验收。

参加验收的单位或部门主要有交通主管部门、建设单位（项目法人）、设计单位、监理单位、施工单位、质量监督机构等单位。

正式验收的主要工作有：

a. 建设、勘察、设计、施工、监理单位分别汇报工程合同履约情况及工程施工各环节施工是否满足设计要求，质量符合法律、法规和强制性标准的情况；

b. 检查审核设计、勘察、施工、监理单位的工程档案资料及质量验收资料；

c. 实地检查工程外观质量，对工程的使用功能进行抽查；

d. 对工程施工质量管理各环节工作、对工程实体质量及质保资料情况进行全面评价，形成经验收组人员共同确认签署的工程竣工验收意见；

e. 竣工验收合格，建设单位应及时提出工程竣工验收报告，验收报告应附有工程施工许可证、设计文件审查意见、质量检测功能性试验资料、工程质量保修书等法规所规定的其他文件；

f. 工程质量监督机构应对工程竣工验收工作进行监督。

第四节　沥青路面冷再生施工技术

冷拌再生是把旧沥青路面回收料和新集料或再生剂混合而生产出冷再生基层混合料的过程。"冷拌再生"通常无须进行加热，又因为沥青冷拌再生项目常采用厂拌再生，因此也称为厂拌冷再生工艺。

一、厂拌冷再生工艺的主要特点

厂拌冷再生是在不对矿料进行加热的条件下，将回收料（RAP）、新集料乳化沥青或泡沫沥青和再生剂组合在一起，拌制成再生沥青混合料，与厂拌热再生一样是一种在中心拌和站进行拌和而集中生产再生沥青混合料的方法，因而再生混合料的质量通常比就地冷拌再生更好。厂拌冷再生具有良好的经济型和安全性；拌和设备较为简单；摊铺和碾压设备可与常规热拌沥青混合料通用；再生过程消耗的能料少，没有烟雾污染，温室气体的排放远低于厂拌热再生。

但是，由于未采用加热的措施生产再生沥青混合料，所以难于达到厂拌热再生沥青混合料同等的质量水平。

厂拌冷再生工艺最适合在大规模的路面翻修和重建时作为柔性基层或半柔性基层之用；厂拌冷再生沥青混合料不适宜作为表面层用，通常需要在其上再铺一层热拌沥青混合料的罩面或微表处封层。

二、厂拌冷再生工艺的适用范围

厂拌冷再生工艺主要用于基层或底基层的铺筑，可解决不能用热再生回收利用的旧料（如改性沥青混合料、老化严重难于再生的混合料），实现废料处理和环境保护的目的；当修复工程需要纠正道路几何线形不足，纠正路基、基层、面层问题，升级结构承载能力时，可以考虑厂拌冷再生工艺。

（一）厂拌冷再生工艺可处理的层面

厂拌冷再生工艺能够处理的路面层面由现场（铣刨）设备与再生拌和设备搅拌工艺所决定。施工单位可以总结沥青不同再生方法的设备特点，得到相应能够处理的沥青路面层面。

（二）厂拌冷再生工艺形成的层面

厂拌冷再生工艺形成的层面是由厂拌冷再生出来的混合料的性能所决定

的。另外，由于现场沥青路面的结构发生变化，需要根据具体情况，重新进行设计，这也将影响到厂拌冷再生沥青混合料所应用的路面层次。

厂拌冷再生工艺是在拌和楼中将 RAP、新鲜沥青和新鲜集料（需要时）冷拌混合进行再生利用的一种技术。该方法的流程与就地冷再生工艺基本一致，包括铣刨原路面、破碎 RAP 与储存、拌和楼拌和混合料、再生混合料的摊铺与压实。厂拌冷再生工艺一般满足交通量较低路段的常规需要，但为了防止再生路面发生水损害以及分散交通荷载的作用，在其表面通常还应加铺一层热拌沥青混合料作为磨耗层。

三、厂拌冷再生工艺的主要步骤

厂拌冷再生工艺主要包括以下 4 个步骤：旧路的挖除和处理；再生料的破碎和堆放；固定工厂进行拌和；摊铺、养护和碾压。

（一）旧路的挖除和处理

厂拌冷再生过程首先将原有的路面挖除、破碎或铣刨至规定厚度，然后将挖除的回收料运到再生拌和厂，进行破碎、堆放和拌和。现有旧沥青混凝土路面的挖除可采用以下方法：

①全厚度破碎旧路面。破碎后的回收料在拌和厂中破碎并进行筛分。在工厂加工的优点是可以有效地控制再生料的尺寸，避免过大料的存在，以确保混合料的质量。

②将再生料的破碎和加工在现场完成，然后再将加工好的材料运往工厂。这种挖除方法的特点是需要特殊现场生产设备、交通管制时间长和完善的现场组织调度。另外，现场加工很难控制再生料的尺寸，会出现粒径过大的材料。

③采用路面冷铣刨的方法。工程实践证明，这种方法不仅容易控制挖除的路面深度，而且生产效率也比较高。在施工中，对不同铣刨深度和不同结构层的回收料，应当分开进行堆放，以便根据这些铣刨材料的形状，采取不同的处理方法。

（二）再生料的破碎和堆放

在道路现场破碎的回收料往往有很多大块材料，运到工厂后还需要对这些材料进一步破碎和筛分。破碎后达到要求的再生料应堆放在工厂，以备施工中使用。回收料堆应尽量避免在高温和重力作用下使材料黏结在一起。为了减少料堆的结块现象和水分的增加，应当选择适宜的料堆高度，且要便于取料和混合操作，施工和运输机械不允许碾压或停留在回收料堆上。

（三）固定工厂进行拌和

拌和再生料可以使用间歇式、滚筒式或连续式拌和设备。连续式拌和再生设备是应用最广的一种。在再生拌和工厂中，操作人员通过调节各冷料仓的添加速率可以控制再生料和外加集料的混合比例。大块再生料在通过过滤筛时会自动剔除出去，掺配后的材料通过传送带进入搅拌器。现场监理人员应对传送带上的材料进行抽查，以保证级配的正确。设备上的添加水量和再生黏结料都必须做到准确控制。

厂拌冷再生拌和器通常采用双卧轴强制搅拌系统。破碎好的回收料、外加集料、新的沥青胶结料和外加水等，应按设计比例加入拌和器中。添加的顺序通常是：回收料和外加集料、水泥等外加固体填料、水、沥青胶结料。拌和楼将这些材料在拌和器中搅拌均匀形成混合料并通过储料仓的溢流管直接卸到运输车上，然后准备拌和下一批料。

在连续拌和的设备中，必须装有可以自动调节材料比例的控制系统。沥青计量泵通过即时测定沥青流速系统来不断调整和控制沥青的添加量。沥青皮带秤可以即时称量添加沥青的重量，这更加有利于沥青添加比例的控制。有时，由于破碎再生料中有粒径较大的料，设备可在搅拌器前配备筛分破碎单元，以筛除过大的再生料。如果拌和设备有成品储料仓，可允许拌和器连续工作，不必担心运输车辆的间隔时间和载重量大小。

对于使用乳化沥青再生的工程，乳化沥青混合料比热沥青的拌和时间要短，因此经常会出现混合料搅拌过度的现象，即会导致出现破乳的沥青从粗集料上剥落或乳化沥青破乳过快等问题。乳化沥青混合料的拌和时间过短，则会造成集料和再生料裹覆很差。对于连续式强制搅拌系统，可以通过调节桨叶的方向，或改变卸料门的高度，或改变沥青喷嘴的位置来改变拌和时间。在滚筒式拌和机上，可以通过改变滚筒的坡度或移动沥青添加口的位置来改变拌和的时间。

在厂拌冷再生设备上还有两个重要的添加系统，即水泥添加系统和外加水添加系统。水泥添加系统通常采用螺旋输送器将水泥送至集料中。在集料比较潮湿的情况下，应尽量选择边搅拌边添加的方式，并且注意拌和后水泥的分布是否均匀。外加水添加系统通常由流量泵控制，添加的过程要求比较均匀连续。

通常厂拌冷再生混合料并不能达到100%的裹覆效果。其实在拌和结束时，完全裹覆也没有必要，这是因为在摊铺和碾压时，混合料的裹覆还会有所增进。但是，对于某些特殊石料，有必要调整拌和程序使沥青分布更均匀，集料裹覆更好。

（四）摊铺、养护和碾压

冷再生沥青混合料的摊铺设备与传统热沥青摊铺设备基本相同。拌和好的冷再生沥青混合料摊铺于路面上后，由平地机将其刮平，并形成设计路拱断面；也可以用平地机来回翻刮混合料，使混合料中的水分尽快蒸发。养护过程中的水分蒸发（或溶剂蒸发）可以提高混合料的黏结性，使其尽快达到压实的条件。水分（或溶剂）蒸发速度与沥青胶结料的改性类型、含水量、集料级配、温度、湿度和风速有关。

如果摊铺过程不需要翻动混合料来加速水分蒸发，或含水量很小，可以采用普通的热沥青摊铺机进行摊铺，在这种情况下，必须保证混合料中的水分不会过低，以免造成熨平板下面的沥青剥落。同时，熨平板也不必进行加热，否则其下面的混合料也会因为过快失去水分，而容易出现沥青剥落。泡沫沥青冷再生混合料的松铺系数一般为 1.1～1.3，乳化沥青冷再生混合料的松铺系数一般为 1.1～1.4。混合料应从远离拌和厂的一端开始摊铺，并要保证摊铺均匀。

密级配冷再生沥青混合料压实厚度一般不宜超过 7.5cm。如果要进行多层摊铺，在各层摊铺之间需要给出 2～5h 的养护时间。开级配冷再生沥青混合料摊铺厚度可在 10cm 以上。乳化沥青冷再生工程不应在 10℃ 以下的条件下继续施工，同时应避免雨季施工。

混合料的压实可以用普通钢轮压路机、轮胎压路机或振动压路机，也可以用任意两者的组合。20t 以上的重型轮胎压路机比较适合进行第一次碾压，特别是厚度大于 7.5cm 的情况。振动压路机应采用高频低幅的方式碾压。碾压的次数应考虑混合料的类型、层厚、压路机的类型和重量，以及施工的环境条件。

冷再生沥青混合料在碾压过程中有时会出现"弹簧现象"，这需要调整混合料的厚度才有利于压实。含水量对压实效果有很大的影响，充足的水分能起到润滑作用，可以有利于压实。然而含水量过大又会造成混合料的密度降低、早期强度不高等缺点。因此，混合料的合理含水量应在试验路段的施工中进行调整和确定。

通常，冷再生沥青混合料比较适用于路面的下面层或基层，在其上层还应再加罩热拌沥青混合料磨耗层。在覆没磨耗层之前，应保证冷再生沥青混合料中的水分完全蒸发，稳定性达到要求。在水分蒸发期间，应禁止车辆在新摊铺的冷再生沥青路面上通行。

第六章 道路施工技术管理

第一节 施工组织设计

施工企业承揽到施工项目后，就要按着合同约定的内容和要求组织施工生产。首先要进行的是项目施工组织设计，它是项目的总体规划。施工组织设计是指导拟建工程项目的施工准备和施工的技术经济文件。因此，必须在开工前根据施工现场的具体条件及合同工期的要求、劳动力的调配情况、机械的装备程度、材料的供应情况、半成品的生产情况运输能力以及气候、水文地质等影响施工的自然条件，从全局出发统筹安排，在多种经济可行方案中选出最佳方案，从而使工程项目的工期缩短、质量提高、成本降低、效益增加。

施工组织设计是对项目实行科学管理的重要手段之一，是项目施工不可缺少的一部分。施工单位通过编制施工组织设计，可以根据施工现场具体条件制订工程项目的施工方案、施工顺序、施工方法、劳动组织和技术组织措施，可以确定施工进度和工期，从而保证工程项目按照合同预定的工期完成，可以在开工前确定工程项目所需材料、机具和劳动力的数量及使用的先后顺序，可以对施工现场进行合理的布置，同时还可以预计施工中可能发生的各种情况，以便事先就能做好准备工作，实现对施工项目全面的、系统的管理。

道路工程是呈线性分布的一种人工构筑物，是通过设计和施工，消耗一定数量的人力、材料、机械及资金而完成的建筑产品。和工业生产比较，公路施工同样是把一系列的资源投入产品（工程）的生产过程，生产上的阶段性和连续性，组织上的专业化和协作化，它们是一致的。但是，由于公路施工自身的特殊性，它与工业生产、房屋建筑、水利工程等土木工程又有所不同。

一、道路施工的特点

（一）施工流动性大

道路是沿地面延伸的线性人工构筑物。它的线性特点，使施工流动性大，临时工程多，施工作业面狭长，施工组织与管理的工作量大，也给施工企业员工的生活安排带来困难。工程数量分布不均匀，大中型桥梁、隧道、高填深挖路段的路基土石方工程等往往是控制工期的关键工程，小桥及涵洞、路面工程、交通工程及沿线设施、环境绿化等，可视为线性分部工程。

（二）产品固定，占地多

道路工程的全部构筑物都固定于一定地点而不能移动，因此占用土地多，既有公路构筑物本身的永久性占地，也有施工时大量的临时占地，如便道、便桥、工棚、施工场地等。

（三）施工协作性要求高

道路线形及构造物形式受地形、地质、水文等自然条件的影响，又因道路等级和使用要求而异。因此，道路工程类型多种多样，标准化难度大，必须对其进行个别设计，施工组织亦需个别进行。就是同一地区相同技术等级的公路，也不可能采用同样的施工组织，这是因为施工时的技术条件（物资供应机具设备技术水平等）、自然条件（季节、气候等）和工期要求等不尽相同。因此要求建设、设计、施工、监理等单位必须密切配合，材料、动力、运输各部门应通力协作，还需要地方各级政府部门和施工沿线各相关单位的大力支持。只有这样才能保障道路施工的顺利进行。

（四）工程形体庞大，施工周期长

道路结构物与其他土建工程一样，具有形体庞大的特点，加之公路工程的线性特征，使得施工工期较长，特别是集中的土石方工程、大桥工程等，在较长时间内占用和消耗大量的人力资源与物资，直到整个施工周期结束，才能得到直接使用的产品；其次是施工各阶段、各环节必须有机地组成整体，在时间上不间断、空间上不闲置，这样才能形成正常的施工秩序，否则将导致延迟工期，造成人力、物力和财力的大量浪费。

（五）野外作业，受外界干扰和自然因素影响

道路施工大多是野外露天作业，自然地理及气候条件，特别是灾害性天气、

不良地质、不良水文等，不但影响施工，而且还会给工程造成损失；另外，来自自然的（如地形险峻）和人为的（如拆迁受阻、与其他工程交叉）因素，如果处理不当，将对工程进度、质量、成本等造成很大的影响。

（六）工程质量影响国民经济各部门

道路关系到一个地区的总体规划和国民经济的发展，等级较高的道路总是位于经济较发达的地区。道路施工质量若不符合要求，不仅会造成道路建设的直接经济损失，而且会严重影响工农业生产和人民生活，其间接经济损失和不良的社会影响将是无法估量的。因此，"百年大计，质量第一"的方针应落实到每一个施工环节上。

二、施工准备工作

（一）原始资料的调查

为了做好施工组织设计，必须事先进行施工组织调查工作。施工组织原始资料的调查是施工准备工作的主要内容之一，主要目的是调查工程环境特点和施工的自然、技术经济条件，为选择施工技术与组织方案收集基础资料，以此作为确定准备工作项目的依据。调查内容包括自然条件调查和施工资源调查。

1. 自然条件调查

（1）气象资料调查

①气温资料调查主要应收集年平均、最高、最低温度，最冷、最热月平均温度，结冰期可解冻期等资料。目的是制订防暑降温、冬期施工的措施，估计混凝土、砂浆强度增长情况，选择水泥混凝土工程、路面工程及砌筑工程的施工季节。

②降雨资料调查主要应收集雨季起止时间、降水量、日最大降水量及雷雨时间等，为安排雨季施工工地排水及防雷工作提供依据。

③风力风向资料调查主要应收集主导风向及频率（风玫瑰图）、每年大风时间及天数等资料，为布置临时设施、制订高空作业及吊装措施提供依据。

（2）地形与地貌调查

地形与地貌调查主要应收集工程所在区域的地形图规划图、工程位置图、控制桩、水准点等资料，调查地上地下障碍物的位置和数量，特别重点调查公路沿线大桥、隧道、附属加工场、工程困难地段，为布置施工平面图、规划临时设施提供依据。

（3）地质调查

地质调查主要应收集钻孔布置图、地质剖面图、各层土类别及厚度、地基土强度、地质稳定性、地下各种障碍物等资料，以便选择路基土石方施工方法，确定特殊路基的处理措施，复核地基基础设计及施工方案，选定自采材料料场及制订障碍物的拆除计划等。

（4）水文地质调查

①地下水调查主要应了解施工区域的最高最低水位及时间流向、流速及流量水质分析等情况，以确定基础施工方案、水有否侵蚀性及施工注意事项等。

②地面水调查主要应了解附近江河、湖泊及其与施工地点的距离，洪水、枯水的时期及水质分析等情况，以确定临时供水方案及施工防洪措施。

（5）其他自然条件调查

其他自然条件调查主要包括对泥石流、滑坡、地震烈度等的调查，必要时也应对其进行详细调查，要注意这些因素对基础和路基施工的影响，以便采取相应的施工保障措施。

2. 施工资源调查

（1）筑路材料调查

筑路材料调查的内容主要包括：外购材料的供应及发货地点、规格、单价、供应数量、运输方式、运输距离及运费；地方材料的产地、质量、单价、数量、运输方式、运输距离和运费；自采加工材料的料场、加工场位置、可开采的数量及运输距离等情况。

（2）运输情况调查

运输情况调查的内容主要包括：工程沿线及邻近的铁路、公路、河流的位置；车站码头到工地的距离；施工单位自办运输及当地可能提供的运输能力；主要筑路材料的运输途径、转运情况和运杂费等。

（3）供水供电、通信情况调查

供水供电、通信情况调查的内容主要包括：施工现场用水水源水质供水量、水压、输水管道长度；当地电源供电容量、电压可供施工用的用电量及接线位置；对临时供电线路和变电设备的要求；当地电信机构的设置情况；等等。若当地能为施工提供供水、供电及通信服务，应签订相应的协议书，以便提前做好准备。

（4）劳动力及生活设施调查

劳动力及生活设施调查的内容主要包括：当地可提供的劳动力数量技术水平、工资标准及当地的风俗习惯；当地可提供的施工临时用房的面积、地点，以及房屋结构、设备情况；工程所在地的文化教育、生活、医疗、消防、治安情况；施工现场的环境情况等。

（5）地方施工能力调查

地方施工能力调查的内容主要包括：当地钢筋混凝土预制构件厂、木材加工厂、采石厂、混凝土搅拌厂等建筑施工企业的生产能力；这些企业满足公路施工需求的可能性和数量。

（二）施工技术准备

施工技术准备是施工准备工作的核心，是现场施工准备工作的基础，它为施工生产提供各种指导性文件，主要内容如下：

1. 熟悉与审查施工图纸及其他技术资料

施工技术准备是工程开工前期的一项重要准备工作，通过完善周密的技术准备工作，全面熟悉施工图纸，了解设计意图和业主的要求，初步提出完成整个施工任务的战略构想，对整个工程的施工布置、施工计划和施工方法及其进度、质量、安全和资源消耗等做出科学的安排，使全部工程施工及分部分项工程施工都置于有组织有计划、有秩序和有规范标准严格控制的状态下，进而实现优质高效完成工程施工任务的总体目标。

（1）图纸审查的目的

①了解工程全貌、工程整体情况和设计意图，形成对所承包工程整体的、全面的印象。在工程投标期间，通常由业主或发包单位对工程概况、工程量、设计标准、重点工程情况等做一般性的介绍，并发送用于招标的工程图纸。在工程中标后，通常由业主或发包单位发送完整、详细的设计图纸，作为工程承包合同的一部分。这时，承包商就应当组织力量，认真地研读设计图纸。

②根据设计图纸提出施工部署和施工安排的初步意见，深入施工现场进行详细的调查。在审查设计图纸时，应对施工队伍的部署、驻地、区段划分、材料供应场地、预制构件厂等提出初步意见，也可以设计几种方案。根据初步设想，对施工现场的自然环境、客观条件进行调查，了解现场实际情况能否满足初步设想的要求，是否需要调整，是否需要增加新的内容等，作为施工安排和编制施工组织设计的依据。

③根据设计图纸的内容，确定应收集的技术资料、标准、国家规范、实验规程等内容，做好技术保障工作。

④根据工程内容，选派相应的管理、技术人员。公路施工涉及面广、专业内容多，需要测量、实验、材料、土建、电气、机械、预算、财务等各种技术人员。

承包单位通过图纸审查，可以根据工程项目的内容确定需要的各种人员。

⑤找出并收集设计图纸中存在的问题，以便在设计交底时提出。

（2）图纸审查的方法

道路项目设计图纸一般由道路平面图、纵断面图、横断面图、结构物设计图等几部分组成。各部分内容相互独立又相互联系，在图纸审查时应把各部分结合起来，整体地了解工程全貌。

在审查图纸时，首先应仔细阅读设计说明。在设计说明中，设计人一般对总体设计思想、设计标准、设计中的难点重点、设计图各部门之间的关系、施工人员应注意的问题等做简明扼要的阐述，语句不多，但包含的内容很广泛、很重要，在审图时应引起足够重视。

在道路平面图中应了解路线的走向、转角、曲线情况，结构物设置情况，线路附近地表、地貌、河流村镇等情况。在纵断面图中应了解线路竖曲线的设置、线路纵坡设计、线路纵向排水设计等，了解路基土石方挖方填方及各段土方的需用量。在横断面图中应了解道路横断面设计、路面各层结构设计、线路横断面超高横断面排水等情况。在平面与纵断面审图时应结合结构物设计图，了解结构物在道路上的位置，了解结构物的类型规模，重点了解大桥特大桥、互通立交桥等结构的内容。

图纸审查可采用两种形式进行：一是由若干技术人员相互独立地审查设计图纸，提出问题，互相交流补充，最终达到审查图纸的目的。这种方法的优点是比较完整全面地反映问题，避免个人考虑问题不全面，缺点是审查图纸的时间相对要长些。二是按工程内容施工区段划分由技术人员分别审图，这种方法时间短、完成任务快，但个人有时考虑问题不全面，会有遗漏与不足得不到补充。采用这种方式，应选择有相当经验的技术人员才能胜任。

2. 学习、熟悉技术规范、规程和有关规定

技术规范、规程是国家制定的建设法规，在技术管理上具有法律效用，为此各级工程技术人员平时就应认真学习、掌握这些规范知识，在接受施工任务后，一定要结合具体工程需要，进一步学习，并根据相关规范规程制订施工技术和组织方案，为保证优质、安全按时完成工程任务打下坚实的技术基础。

3. 编制施工图预算和施工预算

（1）编制施工图预算

编制施工图预算是在拟建工程开工前的施工准备工作时期编制的，主要是为了确定工程造价和主要物资需要量。施工图预算一经审查，就成为签订工程

承包合同、进行企业经济核算以及编制施工计划和银行拨贷款的依据。

（2）编制施工预算

施工预算是施工企业在工程签订承包合同后，以施工图预算为基础，结合企业和工程实际，根据施工方案、施工定额等确定的，它是企业内部经济核算和班组承包的依据，是施工企业内部使用的一种预算。

4. 签订工程承包合同

施工企业，在承建工程项目落实施工任务时，均必须同建设单位签订合同，明确各自的技术经济责任，合同一经签订，即具有法律效力，承包合同除以上工程承包合同外，还包括勘察合同、设计合同等多方面的经济承包合同。

5. 编制施工组织设计

施工组织设计是指导施工现场全部生产活动的技术经济文件，它既是施工准备工作的重要组成部分，也是做好其他施工准备的工作依据。它既要体现建设计划和设计的要求，又要符合施工活动的客观规律，对施工项目的全过程起到战略部署和战术安排的作用。由于公路工程种类繁多，施工方法也多变，因此每个工程项目都需分别编制施工组织设计以组织指导施工。

（三）施工物资准备

施工物资准备是指施工中必需的劳动手段（施工机械、机具等）和劳动对象（材料、构配件等）的准备。此项工作应根据各种物资需要量计划，分别落实货源、组织运输和安排储备，使其满足连续施工的要求。其主要内容如下：

1. 建筑材料的准备

建筑材料的准备主要是根据预算进行分析，按施工进度计划的使用要求、材料储备定额和消耗定额，分别按材料名称、规格、使用时间进行汇总，编制出材料需要量计划，同时根据不同材料的供应情况，随时注意市场行情，及时组织货源，签订供货合同，保证采购供应计划的准确可靠。对于特殊材料，特别是市场供应量小，要从外地采购的材料，一定要及早提出供货计划，掌握货源和价格，保证按时供应。国外进口材料应按规定办理使用外汇和国外订货的审批手续，再通过外贸部门谈判、签约。紧接着的工作就是材料的运输和储备，首先为保证材料的合理动态配置，材料应按工程进度要求分期分批进行储运，进场后的材料要严格保管，以保证材料的原有数量和原有的使用价值，现场材料应按施工平面图的位置，按照材料的物理、化学性质，合理堆放，以免材料混淆和变质、损坏。

2. 施工机具的准备

施工机具的准备主要是根据采用的施工方案和施工进度计划，确定施工机械的类型、数量和进场时间，确定施工机具的供应方法和进场后的存放地点和方式，提出施工机具需要量计划，以便企业内平衡或向外签约租赁机械。

3. 周转材料的准备

周转材料主要是指模板和架设工具，此类材料施工现场使用量大，堆放场地面积大、规格多，对堆放场地的要求较高，应按规格、型号整齐、合理堆放，以便使用及维修。所谓合理堆放就是要按这些周转材料的特点进行堆放。例如，各种钢模板要防雨以免锈蚀，大模板要立放并防止倾倒。

（四）劳动组织准备

劳动组织准备是前期准备工作的重要内容之一。施工前期的组织准备工作的主要任务是组建施工项目经理部、选配强有力的施工领导班子和施工力量、强化施工队伍的技术培训等。项目经理部是施工现场管理的次性临时机构，其组织机构的设置，要本着高效精干、业务系统化管理和弹性、流动的原则。由于公路施工项目常常处于远离大本营的独立作业状态，对经常发生的新矛盾新问题要做出独立的思考和判断，因此，项目经理部班子的配备要慎重和优选。

1. 组建施工队伍

施工单位应按照所承担工程的工程量大小和工期要求，安排出总进度计划网络图，并进一步估算出全部工程用工日数、平均日出工人数、施工高峰期日出工人数，以及技术工种、机械操作工种、普通工种等用工比例，选择能够适应其工程质量、工期进度要求的作业队伍，并与施工劳务作业单位签订劳务合同，实行合同制管理。由于公路项目多在外境施工，所以在劳动力安排方面，还要考虑业主及当地政府对使用当地民工的要求。

2. 施工队伍的技术培训

考虑到所担负工程的具体情况，结合施工队伍施工特点、技术装备情况、技术熟练程度和施工能力，施工队伍在技术培训上要抓好以下几项工作。

（1）明确技术培训目标

对于专业技术人员（技术、合同预算、测量、试验、物资、设备、财务等）主要学习菲迪克（FIDIC）合同条款；弄懂、弄通并熟练掌握本专业规定的条款、规范；对和本专业相关的条款、规范，也要做到基本了解，以提高管理水平。对于技术工人，主要是提高施工操作水平，要通过学习技术规范的有关规定，使操作人员懂得本工种的生产技术原理、技术标准、技术操作、安全操作规程等。要特别注意及早培训缺少或数量不足的技术工种和难以掌握的工种。随着公路施工机械化程度的提高，抓好大型机械操作人员的培训工作非常重要。一定要先培训，使之熟练掌握本机械的安全操作、使用性能和机构原理，并做到会操作、保养、检查、排除故障，而后才能上机。

（2）技术培训的方式和方法

技术培训的方式和方法应根据实际情况灵活掌握，如开办一些短期训练班、举办技术讲座和请进来教、派出去学等，但无论哪种方法都要与所担负工程的实际情况和具体要求紧密联系，加强计划性，并做到计划、教员、时间三落实，以保证培训效果。

（3）抓好技术培训的考核

考核是检验培训成果的一种方法，也是促进受培训人员认真学习的一种手段。每一阶段培训结束都要组织力量从理论和实践两方面对受培训人员进行认真的考核，并把考核情况归入技术档案，作为奖励和使用的依据，以提高培训的效果。

（五）施工现场准备

施工现场准备是对前一阶段的组织准备、技术准备工作的检验和进一步落实。施工现场准备按施工组织设计的要求和安排进行，主要内容有：

1. 施工现场的"三通一平"

"三通一平"是接通施工用水、接通施工用电、修通施工现场的临时道路和平整场地的简称。

（1）接通施工用水

施工现场的用水包括生产和生活用水，用水管道的布置应根据用水量按施工平面图进行规划，另外还应做好施工现场的排水工作。

（2）接通施工用电

根据各种施工机械的用电量和照明用电量，计算选择配电变压器，并与地方供电部门联系。按施工平面图规划好施工现场内外的供电线路，当供电系统供电不足时，应考虑使用自备发电设备。

（3）修通施工现场的临时道路

施工现场道路，是保证施工顺利进行的关键，所以在施工机具进场前应修通临时道路和便桥。

（4）平整场地

按照施工图纸和施工平面图，组织人力和机械进行平整工作，若施工范围内有建筑物，还需拆迁房屋，同时要清理地面障碍物，对地下管道、电缆等要采取可靠的拆除或保护措施。

2. 施工前的现场测量

在工程开工前，应对业主及设计单位提供的导线点、水准点进行现场复核，确认无误后才能使用。施工前的现场测量主要包括导线点的复测和加密、中线的复测、水准点的复测和增设、路基横断面的检查和补测、构筑物详细放样等。

3. 施工现场临时设施的搭建

现场临时设施包括生产设施和生活设施两个方面。临时设施的搭建要根据具体公路项目的特点和施工管理要求进行平面布置规划，并按照当地有关搭建临时设施审批手续实施。临时设施建设要因地制宜、精打细算，既能满足施工要求，又要尽量降低成本、减少浪费。

4. 施工机具的进场、组装和保养

根据施工总平面图，将施工机具安置在规定地点和仓库。对固定的机具，要进行就位搭棚、组装、接电源、保养和调试等工作。对所有施工机具都必须在开工以前进行检查和试运转。

5. 建筑材料、构件的现场储存和堆放

按建筑材料构件的需要量计划组织进场，根据施工总平面图规划的地点和方式进行储存和堆放。

三、施工组织设计编制原则和程序

（一）施工组织设计的编制原则

1. 严格执行基本建设程序和施工程序

在编制施工组织设计时，要严格遵守合同规定或上级下达的施工期限，按照基本建设程序和施工程序，保质保量按期完成施工任务。对于工期较长的关键项目，要根据施工情况对大、中型桥梁，隧道和工期较长的大型施工项目，编制单项工程的施工组织设计，以确保总工期目标的实现。

2. 科学合理地安排施工顺序

在编制施工组织设计时，应按照道路工程施工的客观规律和施工现场的实际情况，科学合理地安排施工顺序，在保证质量的基础上，尽可能缩短工期，加快施工进度。

3.应用科学的计划方法确定最合理的施工组织方法

在编制施工组织设计时，应根据工程特点和工期要求，因地制宜地选择施工方式，尽可能采用流水作业施工的方法，组织连续、均衡且有节奏的施工，从而保证人力、机械、资金的合理运用。

4.采用先进的施工技术和设备

在编制施工组织设计时，应尽可能采用先进的施工方法和技术，不断提高施工机械化、预制装配化，减轻劳动强度，提高劳动生产率。

5.落实冬、雨期施工的措施，确保全年连续施工

在编制施工组织设计时，应把那些有必要而又不因冬、雨期施工而带来技术复杂和造价提高的工程列入冬、雨期施工项目，全面平衡工人、材料的需用量，力求实现均衡生产。

6.确保工程质量和施工安全

在编制施工组织设计时，应贯彻施工技术规范和操作规程，提出确保工程质量的技术措施和施工安全措施，并实现文明施工。

7.尽量节约工程成本

在编制施工组织设计时，还应做到：精打细算、开源节流，充分利用现有设施，尽量减少临时工程；合理布置施工平面图，节约施工用地；尽量利用当地资源，减少物资运输量，从而降低工程成本，提高经济效益。

（二）施工组织设计的编制程序

编制施工组织设计要遵循一定的程序，要按照施工的客观规律，协调和处理好各个影响因素的关系，用科学的方法编制。一般的编制程序如下：

a.分析设计资料，选择施工方案和方法；

b.编制工程施工进度图；

c.计算人工材料、机械需要量，制订供应计划；

d.编制临时工程、供水、供电、供热计划；

e.编制运输计划；

f.布置施工平面图；

g.编制技术措施计划与计算技术经济指标；

h.编写说明书。

第二节 施工进度计划的编制

一、施工进度计划的作用和内容

施工进度计划是控制工程施工进度和工程竣工期限等各项施工活动的依据，同时也是制订各种计划的依据。施工进度计划反映了工程从施工准备工作开始，直到工程竣工为止的全部施工过程，反映了工程建筑与安装的配合关系、各分部工程及工序之间的衔接关系。因此，施工进度计划有助于领导部门抓住关键，统筹全局，合理布置人力、物力，正确指导施工生产活动的顺利进行；有利于工人群众明确目标，更好地发挥主动精神；有利于施工企业内部及时配合，协同作战。

由此可见，工程进度图是施工组织设计的核心文件，它规定了各个施工项目的完成期限和整个工程的总工期，集中体现了施工组织设计的成果，因而对整个工程施工具有指导意义。工程进度图一般应包括以下基本内容：

a. 主要工程的工程数量及其分布；

b. 各施工项目的施工期限，即施工开始和结束时间；

c. 各施工项目的施工顺序与衔接情况，专业施工队之间的相互配合调动安排；

d. 施工平面示意图；

e. 劳动力的动态需要量图。

二、编制施工进度计划的依据和步骤

（一）编制施工进度计划的依据

①工程的全部施工图纸及有关水文、地质、气象和其他技术经济资料。

②上级或合同规定的开工、竣工日期。

③主要工程的施工方案。

④劳动定额和机械使用定额。

⑤劳动力、机械设备供应情况。

（二）编制施工进度计划的步骤

①研究施工图纸和有关资料及施工条件。

②划分施工项目，计算实际工程数量。

③编制合理的施工顺序和选择施工方法。

④计算各施工过程的实际工作量（劳动量）。

⑤确定各施工过程的劳动力需要量（及工种）和机械台班数量及规格。

⑥设计与绘制施工进度图。

⑦检查与调整施工进度。

三、施工进度图的形式

施工进度图通常是以图表形式表示的，主要形式有横道图、垂直图和网络图三种。

（一）横道图

横道图是在工程实践中应用非常广泛的一种表示工程进度的方法。它由两大部分组成，左面部分是以分部分项工程为主要内容的表格，包括了相应的工程量、定额和劳动量等计算依据；右面部分是指示图表，它是由左面表格中的有关数据经计算得到的。指示图表用横向线条形象地表示出分部分项工程的施工进度，线的长短表示施工期限；线的位置表示施工过程；线上的数字表示劳动力数量；线的不同符号表示作业队或施工段别。横道图总体表示了各施工过程的工期和总工期，并综合反映了各分部分项工程相互间的关系。

这种表示方法比较简单、直观、易懂，容易编制，能宏观控制工期，但有以下缺点：

a. 不能表示各施工项目之间的衔接情况及专业施工队之间的相互配合关系；

b. 施工日期和施工地点无法表示，只能用文字说明；

c. 工程数量实际分布情况不清楚，也无法表示；

d. 不能绘制对应施工项目的平面示意图。

产生上述缺点的原因，在于横道图只能反映平均的施工进度，无法表示施工地点。横道图适用于绘制集中性工程进度图、材料供应计划图或作为辅助性质的图表附在说明书内用来向施工队下达任务。

（二）垂直图

垂直图是在流水作业垂直图表的基础上通过扩充改进而形成的。它的基本原理：以纵坐标表示施工日期，以横坐标表示里程或工程位置，而各分部分项工程的施工进度则相应地以不同的斜线表示。工程量在图表上方相应地表示，施工组织平面示意图可在图表的下方相应地表示，资源平衡可在图表右侧以曲线表示。

垂直图的优点是消除了横道图的不足之处，工程项目的相互关系、施工的紧凑程度和施工速度都十分清楚，工程的分布情况和施工日期一目了然，从垂直图中可以直接找出任何一天各施工队的施工地点和应完成的工程数量，但仍有一些不足之处：

　　a. 反映不出某项工作提前（或推迟）完成对整个计划的影响程度；

　　b. 反映不出哪些工程是主要的，不能明确表达出哪些是关键工作；

　　c. 计划安排的优劣程度很难评价；

　　d. 不能使用计算机，因而绘制和修改进度图的工作量很大。

（三）网络图

网络图是施工进度图的网络表示形式，该图仅主要说明工程项目之间的相互关系（施工流程情况）。网络图与横道图、垂直图比较，不但能反映施工进度，而且更能清楚地反映出各道工序、各施工项目之间错综复杂的相互联系、相互制约的生产和协作关系。它的最大优点是在计划的执行过程中可以很方便地根据当时的条件进行调整，通过计算，找出优化后的方案，指导工程施工按最佳进度运行。因此，不论是集中性工程，还是线型工程，都可以用网络图表示工程进度，所以它是一种比较先进的工程进度图的表示形式，应大力推广使用。

四、进度控制原理

工程项目的进度控制是指为了实现项目最优的进度目标，对工程建设进度所进行的计划、执行、检查和调整等一系列活动。在公路工程项目建设过程中，能否使其在预定的时间内交付使用，直接关系到业主和施工企业投资效益的发挥。公路工程项目的进度控制是公路工程项目管理的中心任务和重要环节，它包括计划、执行、检查和调整等基本控制要素。

在进度控制过程中，首先应针对公路工程项目各阶段的工作内容、工作程序、持续时间和衔接关系编制进度计划，其次在计划执行过程中应检查实际进度是否按计划要求进行。当实际进度与计划进度出现偏差时，要进行原因分析，并对计划进行及时调整（包括采取补救措施、修改原计划等），使后续计划在下一循环中达到预定的目标。如此循环往复，直至工程竣工，交付使用。

五、进度控制目标

公路工程项目的施工进度控制目标是施工项目生产部在生产副经理指导组

织下，根据工程项目的规模、工程量与工程复杂程度，建设单位、施工单位对工期和项目投产时间的要求、资金到位计划和实现的可能性；主要设备进场计划，交通部颁布的《建筑安装工程工期定额》（TY01-89—2016），工程地质、水文地质、建设项目所在地区的气候等因素，进行科学分析后，根据施工合同确定的开工日期、总工期和竣工日期明确计划开工日期、计划竣工日期及项目分期分批的开工、竣工日期。项目的最佳工期是由多因素组成的工期指标和奋斗目标，必须以整个系统的全面完成为条件。并非所有的工程工期都是越短越好，不能一味地追求缩短工程工期而导致工程建设项目的投资增加。

合同工期确定后，施工进度控制的任务就是根据进度总目标从不同角度将进度总目标进行层层分解，确定实施方案，形成施工进度目标控制体系，在施工过程中进行控制和调整，以实现进度控制的目标。

施工进度目标控制体系包括公路工程项目建成交付使用的日期总目标、各单项工程交工动用的分目标，以及按承包单位、施工阶段和不同计划期划分的分目标。各目标之间相互联系又相互制约，下级目标既受上级目标的制约，又是上级目标的保证。各项施工进度目标的制定原则如下：

（一）按项目组成分解，确定各单项工程开工及竣工日期

各单位工程的进度目标在工程项目建设总进度计划及工程建设年度计划中都有体现。在施工阶段应进一步明确各单项工程的开工和竣工日期，以确保施工总进度目标的实现。

（二）按承包单位分解，明确分工条件和承包责任

在一个单项工程中有多个承包单位参加施工时，应按承包单位将单项工程的进度目标分解，确定出各分包单位的进度目标，列入分包合同，以便落实分包责任，并根据各专业工程交叉施工方案和前后衔接条件，明确不同承包单位工作面交接的条件和时间。

（三）按施工段分解，划定进度控制分界点

公路工程项目按施工段的不同可分为路基工程、路面工程、桥梁工程、隧道工程、互通立交工程、沿线设施及交通工程等。每一施工段的起止时间都要有明确的标志，特别是不同单位承包的不同施工段之间，更要明确划定时间分界点，以此作为形象进度的控制标志，从而使单项工程施工目标具体化。

（四）按计划工期分解，组织综合施工

将工程项目的施工进度控制目标按年度、季度、月（或旬）进行分解，并

用实物工程量、货币工作量及形象进度表示，将更有利于项目管理者明确对各承包单位的进度要求。同时，项目管理者还可以据此监督其实施，检查其完成情况。计划期越短，进度目标越细，进度跟踪就越及时，发生进度偏差时也就更能有效地采取措施予以纠正。这样，就形成一个有计划有步骤的协调施工、长期目标对短期目标自上而下逐级控制、短期目标对长期目标自下而上逐级保证、逐步趋近进度总目标的局面，最终达到工程项目按期竣工交付使用的目的。确定施工进度控制目标的主要依据有工程建设总进度目标对施工工期的要求、工期定额和类似工程项目的实际进度、工程难易程度和工程条件的落实情况等。在确定施工进度分解目标时，还要考虑以下各个方面：

①对于大型工程建设项目，应根据尽量提供单位工程的原则，集中力量分期分批建设，以便尽早投入使用，尽快发挥投资效益。这时，为保证每一单位工程都能形成完整的生产能力，就需要考虑将这些单位工程交付使用所必需的全部配套项目。因此，要处理好前期动用和后期建设的关系、每期工程中主体工程与辅助及附属工程之间的关系、地下工程与地上工程之间的关系、场外工程与场内工程之间的关系等。

②应合理安排土建与设备的综合施工，要按照它们各自的特点，合理安排土建施工与设备基础、设备安装的先后顺序及搭接、交叉或平行作业，明确设备工程对土建工程的要求和土建工程为设备工程提供施工条件的内容及时间。

③应结合本工程的特点，参考同类工程建设的经验来确定施工进度目标。避免只按主观愿望盲目确定进度目标，从而在实施过程中造成进度失控。

④应做好资金供应能力、施工力量配备、物资（材料、构配件、设备）供应能力与施工进度需要的平衡工作，确保工程进度目标的要求而不使其失控。

⑤应考虑外部协作条件的配合情况，包括施工过程中及项目竣工动用所需的水、电、气、通信线路及其他社会服务项目的满足程度和满足时间。它们必须与有关项目的进度目标相协调。

⑥应考虑工程项目所在地区地形、地质、水文、气象等方面的限制条件。

六、进度控制程序

一般来说，进度控制随着工程项目的进程而展开，因此进度控制的总程序与建设程序的阶段划分相一致。在具体操作上，每一建设阶段的进度控制又按计划、实施、监测及反复调整的科学程序进行。

进度控制的重点是项目施工准备阶段和施工阶段的进度控制。因为这两个阶段时间最长、影响因素最多、分工协作关系最复杂、变化也最大。但前期工作阶段所进行的进度决策又是实施阶段进度控制的前提和依据，其预见性和科学性对整个进度控制的成败具有决定性的影响。进度控制总程序如下：

（一）项目建议书阶段

项目建议书阶段进度控制的主要任务是通过机会研究和初步可行性研究，在项目建议书报批文件中提出项目总安排的建议。它体现了业主对项目建设时间方面的预期目标。

（二）可行性研究阶段

可行性研究阶段进度控制的主要任务是对项目的实施进度进行较详细的研究，通过对项目投入使用的时间要求和建设条件的相关分析，以及对不同进度安排的经济效果的比较，在可行性研究报告中提出最优的两个或三个及以上备选方案。该报告经评估、审批后确定的建设总进度和分期、分阶段控制进度，就成为实施阶段控制进度的决策目标。

（三）设计阶段

设计阶段进度控制的主要任务除了包括设计进度控制外，还包括对施工进度做进一步预测。设计进度本身也必须与施工进度相协调。

（四）施工准备阶段

施工准备阶段进度控制的主要任务是控制征地、拆迁、场地清障和平整的进度，抓紧实施水、电、道路等建设条件的准备工作，组织材料、设备的订货，组织施工招标，办理各种协议签订和有关主管部门的审批手续。这一阶段工作头绪繁多，上下左右间关系复杂。每一项疏漏或拖延都将留下建设条件的缺口，造成工程顺利开展的障碍或打乱进度的正常程序。因此这一阶段的工作及其进度控制极为重要，绝不能掉以轻心。在这一阶段，还应通过编制与审批施工组织设计，确定施工总进度计划。

（五）施工阶段

施工阶段进度控制的主要任务是组织综合施工和进行偏差管理。项目管理者要全面做好进度的事前控制、事中控制和事后控制。除对进度计划的审批、施工条件提供等预控环节和进度实施过程的跟踪管理外，现场监督员还要重视协调好总包不能解决的内外界关系问题。当没有总包单位，建筑安装的各项专业任务直接由业主分别发包时，计划的综合平衡和单位间协调配合的责任就显得更为重要。与此同时，施工单位还要抓好项目投入使用的准备工作，为按期或提早竣工创造必要而充分的条件。

施工单位的具体进度控制程序如下：一是确定施工进度目标。根据施工合同确定的开工日期、总工期和竣工日期确定施工进度目标，明确计划开工日期和计划竣工日期，并确定项目分期、分批的开工、竣工日期。二是编制施工进度计划。施工进度计划应根据工艺关系、组织关系、搭接关系、起止时间、劳动力计划、材料计划、机械计划和其他保证性计划等因素综合确定。三是报送开工申请报告。在开工前，应向监理工程师提出开工申请报告，并按照监理工程师下达的开工令指定的日期开工。四是实施施工进度计划。当出现进度偏差（不必要的提前或延误）时，应及时进行调整，并应不断预测未来进度状况。五是进行进度控制总结。在全部任务完成后，应进行进度控制总结并编写进度控制报告。

（六）竣工验收阶段

在竣工验收阶段，施工单位要做好以下工作：项目的自验和预验收；协助建设单位进行初验；在具备条件后协助业主组织正式验收。在本阶段中，有关甲、乙方之间的竣工结算和技术资料核查归档移交、施工遗留问题的处理等，都会有大量涉及双方利益的问题需要协调解决。此外，该阶段中还有各验收过程的大量准备工作，必须抓全、抓细、抓紧，这样才能加快验收的进度。

七、进度控制措施

进度控制的措施包括组织措施、技术措施、经济措施和合同措施等。

（一）组织措施

进度控制的组织措施主要包括：

a. 建立包括监理单位、建设单位、设计单位、施工单位、供应单位、市政公用单位等在内的进度控制体系，明确各方的人员配备、进度控制任务和相互关系；

b. 建立进度报告制度和进度信息沟通网络；

c. 建立进度协调会议制度；

d. 建立进度计划审核制度；

e. 建立进度控制检查制度和调度制度；

f. 建立进度控制分析制度；

g. 建立图纸审查及设计变更管理制度，及时办理工程变更和设计变更手续。

（二）技术措施

进度控制的技术措施主要包括：

a. 采用多级网络计划技术和其他先进适用的计划技术；

b. 组织流水作业，保证作业连续、均衡、有节奏；

c. 缩短作业时间、减少技术间歇的技术措施；

d. 采用电子计算机控制进度的措施；

e. 采用先进高效的技术和设备。

（三）经济措施

进度控制的经济措施主要包括：

a. 对工期缩短给予奖励；

b. 对应急赶工给予优厚的赶工费；

c. 对拖延工期给予罚款、收赔偿金；

d. 提供资金、设备、材料、加工订货等供应时间保证措施；

e. 及时办理预付款及工程进度款支付手续；

f. 加强索赔管理。

（四）合同措施

进度控制的合同措施包括：

a. 加强合同管理，加强组织、指挥、协调，以保证合同进度目标的实现；

b. 严格控制合同变更，对各方提出的工程变更和设计变更，监理工程师应严格审查后补进合同文件中；

c. 加强风险管理，在合同中充分考虑风险因素及其对进度的影响、处理办法等。

八、进度计划的审核与实施

（一）进度计划的审核

对进度计划进行认真审核的目的是检查制定的工程进度计划是否合理，是否适合工程项目的实际条件和施工现场情况，避免以不切实际的工程施工进度计划来指导施工。施工进度计划的审核内容主要有：

a. 进度安排是否符合建设项目总进度计划中总目标和分解目标的要求，是否符合施工合同中开、竣工日期的规定；

b. 施工总进度计划中的项目是否有遗漏，分期是否满足分批完工，投入使用的需要和配套投入使用；

c. 施工顺序是否符合施工程序；

d. 劳动力、材料、构配件、机具和设备的供应计划是否能保证进度计划的

179

需要，供应是否均衡，高峰期是否具有足够能力实现计划供应；

　　e. 建设单位资金供应能力是否能满足进度需要；

　　f. 与设计单位图纸提供进度是否一致；

　　g. 建设单位应提供的供应物资，特别是国外设备的到货与进度计划是否衔接；

　　h. 总分包分别编制的各项单位工程施工进度计划之间是否协调，专业分工与计划衔接是否明确合理；

　　i. 是否有造成甲方违约而导致索赔的可能存在。

（二）进度计划的实施

在进度计划的实施中应做好如下工作：

①检查各层次的进度计划，形成严密的计划保证系统。施工项目所有各层次的施工进度计划包括施工总进度计划、单位工程施工进度计划和分部分项工程施工进度计划，它们都是围绕着一个总任务而编制的。它们之间的关系是：高层次的计划作为低层次计划的编制和控制依据，低层次计划是高层次计划的深入和具体化。在贯彻执行进度计划时，应当检查其是否紧密配合、协调一致，计划目标是否层层分解、互相衔接，以确保计划实施保证体系的可靠性，并以施工任务书的方式下达到各施工队组，以保证计划的实施。

②层层签订承包合同或下达施工任务书。总承包单位与各分包单位、单位与项目经理、施工队和作业班组之间应分别签订承包合同，按计划目标明确规定合同工期以及相互承担的经济责任、权限和利益。施工单位内部也可以施工任务书的形式将作业任务和时间下达到施工班组，明确具体施工任务和劳动量、技术措施、质量要求等内容，使施工班组必须保证按作业计划完成规定的任务。

③全面和层层实行计划交底，使全体工作人员共同实施计划。施工进度计划的实施是全体工作人员的共同行动，要使有关人员都明确各项计划的执行人、目标、任务、实施方案和措施、检查方法和考核办法，使管理层和作业层协调一致，将计划变成全体员工的自觉行动，充分调动和发挥每个员工的干劲和创造精神。因此，在计划实施前，必须进行计划交底工作，根据计划的范围和内容，层层进行交底落实，以使施工有计划，有步骤，连续、均衡地进行。

④做好施工进度记录。"记录"就是如实记载计划执行中，每项工作的开始日期、工作进程和完成日期。其作用是为计划实施的检查、分析、调整、总结提供原始资料。因此，在施工进度计划实施的过程中，计划统计人员应做好以下工作：在计划图上进行实际进度记录，跟踪记载每个施工过程的开始日期、

完成日期，记录每日完成数量、施工现场发生的情况、干扰因素的排除情况；跟踪形象进度，并对工程量、总产值、耗用的人工、材料和机械台班等的数量进行统计与分析，编制统计报表。各级施工进度计划的执行者都要实事求是地跟踪做好施工记录，并填好有关资料。

⑤做好调度工作。调度工作是实行动态进度控制不可缺少的一种手段，可以说，调度工作起着各环节、各专业、各工种协调动作的核心作用。调度工作的主要任务是跟踪计划的实施并进行监督，协调关系，排除矛盾，克服薄弱环节，保证作业计划和进度控制目标的实现。

因此，调度工作的内容包括：检查作业计划执行中的问题，找出原因，采取措施予以解决；督促供应单位按进度计划的要求供应资源；控制施工现场道路、水、电等设施正常使用，搞好平面管理，实现文明施工；发布调度令，开好调度会并跟踪检查决议执行情况；等等。调度工作应以作业计划和现场实际需要为依据，按政策和规章制度办事，加强预测，使信息通畅，做到及时、准确、灵活、果断，确保工作效率。

⑥严格执行施工合同中对进度、开工及延期开工、暂停施工、工期延误、工程竣工的承诺。

⑦及时、合理地处理工期索赔。

九、进度计划的检查与调整

（一）进度计划的检查

要想了解和掌握项目进度计划在实施过程中的变化趋势和偏差程度，就必须进行项目进度计划的检查。项目进度控制是项目进度计划检查阶段的实质性体现：一是跟踪检查；二是数据采集；三是偏差分析（实际结果与进度计划的比较）。这些偏差识别工作的快速、准确进行，可提高项目进度控制的敏感度和精度。进度计划的检查是计划执行信息的主要来源，是施工进度调整和分析的依据，也是进度控制的关键步骤。对进度计划的检查应做好以下工作：

①在工程项目的施工中，每日应按单位工程、分项工程或工艺对实际进度进行记录，并予以检查，以作为掌握工程进度和进行决策的依据。每日进度检查记录应包括以下基本内容：当日实际完成及累计完成的工程量；实际参加施工的人力、机械数量及生产效率；施工停滞的人力、机械数量及其原因；承包人的主要技术人员到达现场的情况；当日发生的影响工程进度的特殊事件或原因；当日的天气情况；等等。

②在工程项目的施工中，应根据现场提供的每日施工进度记录，及时进行统计和标记，并通过分析和整理，每月总结一份工程进度报告。该报告应包括以下主要内容：工程进度概况或总说明，应以记事方式对计划进度执行情况提出分析；编制出工程进度累计曲线和完成投资额的进度累计曲线；显示关键线路（或主要工程项目）上一些施工活动及进展情况的工程图片；反映施工现金流动、工程变更、价格调整、索赔、工程支付及其他财务支出情况的财务状况；影响工程进度或造成延误的其他特殊事项、因素及解决措施。

③在工程项目的施工中，应编制和建立各种用于记录、统计、标记、反映实际工程进度与计划进度差距的进度控制图及进度统计表，以便随时对工程进度进行分析和评价，并作为要求承包人加快工程进度、调整进度计划或采取其他合同措施的依据。进度计划检查的方法主要是对比法，即用实际进度与计划进度进行对比，从而发现偏差，以便调整或修改计划。一般常用进度控制图形比较方法直观进行进度比较、控制，常用的进度控制图形比较方法有横道图比较法、S形曲线比较法、"香蕉"曲线比较法和网络图比较法。

（二）进度计划的执行情况分析

1. 项目进度控制的实质性体现

在项目进度执行过程中，由于存在干扰因素，实施结果可能会偏离进度计划。项目进度控制在项目进度执行阶段的实质性体现：一是预测干扰因素；二是分析风险程度；三是采取预控措施。采用这些监控手段，可避免或减少实际结果与进度计划的偏差。

2. 执行情况分析

在项目进度计划的实施过程中，承包人的机械及人力的变化、管理失误、恶劣的地质和气候条件或业主的原因等因素，都会给施工进度计划的实现带来困难，造成进度拖延。这时，施工管理人员可采用因果关系分析图、影响因素分析表、工程量对比分析、劳动效率对比分析等方法，详细分析进度拖延的各种影响因素及其大小。

3. 进度拖延的常见原因

进度拖延的原因是多方面的，常见的有：

a. 工期及相关计划的失误，计划工期及进度计划超出现实可能性；

b. 自然条件的影响，遇到了更加不利的自然条件；

c. 管理过程中的失误，如计划部门与实施者之间，总、分包人之间，业主和承包人之间缺少沟通，许多工作脱节；

d.边界条件的变化，如设计变更、设计错误、外界（如政府、上层机构）对项目提出新的要求或限制；

e.资金不到位，材料、设备不按期到货等。

（三）进度计划的调整

当计划实际执行指标与计划指标发生偏差而需要调整时，承包人应对原工程进度计划及现金流动计划予以调整，以符合实际，保证满足合同工期的要求，并报经监理工程师批准。工程项目进度控制是周期性进行的，项目经理是进度控制的核心部分，业主、承包商和监理工程师的共同控制是进度控制的有力保证。

进度计划的调整是一个非常复杂的过程。项目进度控制在项目进度调整阶段的实质性体现：一是偏差分析，分析产生进度偏差的前因后果；二是动态调整，寻求进度调整的约束条件和可行方案；三是优化控制，决策使进度、费用变化最小，能达到或逼近进度计划的优化控制目标。偏差分析、动态调整和优化控制是项目进度控制中最困难、最关键的控制要素。进度计划的调整可以从关键线路、非关键线路、工作项目、逻辑关系、作业持续时间和资源等方面入手，同时要科学分析、综合考虑，确保合同工期。

1. 对关键线路的调整

调整工程进度计划，主要是调整关键线路上的施工安排。对于非关键线路，如果实际进度与计划进度的差距并不对关键线路上的实际进度造成不利影响时，可不必对整个工程进度计划进行调整，只需对机动和富裕时间予以局部调整安排。当工程进度比原计划的进度提前时，承包人应确定是否需要对原计划工期予以缩短：如果不需要缩短，可利用这个机会降低资源强度，降低费用；如果要利用提前完成的关键线路效果，促使整个计划工期提前完成，则可将计划中未完成的部分重新计算与调整，按新的进度计划执行，保证新的关键工作按新计算的时间完成。当工程进度比原计划的进度拖延时差较大，并影响到合同工期的关键线路时，承包人必须及时对工程进度计划做整体修订与调整，在未完成的关键线路中选择资源强度小的工作予以缩短，将延迟的时间抢回来。

2. 对非关键线路的调整

当关键线路上某项工程的施工时间比计划增加时，这意味着整个工期将延长。在这种情况下，承包人应把注意力集中在非关键线路上，看非关键线路上的工程是否有机动时间（时差），能否把非关键线路上的机械、人员调整到关键线路上的关键工序上去，以改变关键线路的时间；如果不能，为了满足关键线路的工程按计划完成，承包人则可能需要通过延长工作时间，或者重新增加新的机械和人员来完成进度计划的调整。当非关键线路的实际进度比计划进度拖延时差较大，并影响到合同工期的关键线路时，承包人必须充分利用资源，降低成本，满足施工需要，及时修订与调整工作时差，满足进度计划。进度计划调整方法有两种：

a. 在总时差范围内移动工作起止时间，改变时差位置，降低资源强度；

b. 延长非关键工作的持续时间或缩短非关键工作的持续时间，降低资源强度。

3. 对工作项目的调整

增减工作项目均不应打乱原网络计划的总体逻辑关系，只能改变局部的逻辑关系，以便使原进度计划得以实施。增加工作项目，仅是对有遗漏或不具体的逻辑关系进行补充；减少工作项目，仅是对已提前完成的工作项目或原不应设置的工作项目予以删除。增减工作项目之后，承包人应重新计算时间参数，分析调整是否对原计划工期有影响，如不符合要求，应采取措施，以使计划保持不变。

4. 对逻辑关系的调整

逻辑关系的调整只有当实际情况要求改变施工方法或组织方法时才可进行。调整逻辑关系应以不影响原定计划工期和其他工作顺序为前提，不能否定原进度计划。

5. 对作业持续时间的调整

当发现作业的持续时间计划有误或实现确有困难时，承包人可重新估算持续时间，并计算时间参数。调整就是按施工的劳动定额重新计算作业的持续时间，然后计算各作业的时间参数。在没有取得合理延期的情况下，当实际工程进度过慢，将不能按照进度计划预定的竣工期完成工程时，承包人可采取加快工程进度的措施，以赶上工程进度计划中的阶段目标或总体目标。

6. 对资源的调整

当资源供应发生异常，即资源中断或强度降低，不能满足施工需要，影响计划工期的实现时，承包人应进行资源调整。资源调整的前提是保障工期不变或使工期更加合理。在施工进度计划调整后，应编制调整后的施工进度计划。

参考文献

[1] 李继业，刘经强，孙代英．新编道路工程施工实用手册 [M]．北京：化学工业出版社，2006．

[2] 俞高明．公路施工技术 [M]．北京：人民交通出版社，2002．

[3] 何兆益，杨锡武．路基路面工程 [M]．北京：人民交通出版社，2006．

[4] 李继业，郭玉起．道路建筑材料 [M]．北京：科学出版社，2004．

[5] 李继业，刘经强，张来旺．道路工程施工实用技术手册 [M]．北京：化学工业出版社，2014．

[6] 蔡丽朋．建筑材料 [M]．北京：化学工业出版社，2005．

[7] 李亚东．桥梁工程概论 [M]．成都：西南交通大学出版社，2003．

[8] 徐秀维．道路工程施工技术 [M]．北京：化学工业出版社，2015．

[9] 罗竟，邓廷权．路基工程现场施工技术 [M]．北京：人民交通出版社，2004．

[10] 蒋红，田万涛．道路与桥梁工程施工 [M]．北京：中国水利水电出版社，2010．

[11] 拾方治，马卫民．沥青路面再生技术手册 [M]．北京：人民交通出版社，2006．

[12] 吴幼松，余清河．公路机械化施工与管理 [M]．北京：北京交通大学出版社，2007．

[13] 安关峰．绿色道路施工技术指南 [M]．北京：中国建筑工业出版社，2015．

[14] 马松林，侯相深．公路养护与管理 [M]．北京：人民交通出版社，2010．

[15] 彭彦彬，项志盛．道路工程 [M]．郑州：黄河水利出版社，2008．

[16] 卜建清，严战友．道路桥梁工程施工［M］．重庆：重庆大学出版社，2012.

[17] 高久平．公路工程施工试验检测［M］．北京：人民交通出版社，2012.

[18] 辛文义，纪常松，李斌，等．混凝土搅拌站安全要素分析［J］．工程机械与维修，2008（3）：118-119.

[19] 张益鸿．混凝土搅拌站安全性设计的几个问题［J］．建设机械技术与管理，2009，22（3）：120-123.

[20] 李海江，徐筱婷，蒋文权，等．公路施工现场预制梁场选址影响因素分析［J］．中国水运，2010，10（5）：174-175.